天學初函

（一）

出版前記

編輯叢書以保存及流傳資料，在中國已有七百六十餘年的歷史。

在這悠長的歲月中，歷代刊行的各種叢書號稱數千部，其中個人詩文集約占半數，內容割裂實際不合叢書體例的又居其餘之半，其名實相符者仍有數百部；即經過商務印書館再三精選後刊行的「叢書集成」，內含各種叢書也有一百部之多。這在中國出版界眞可說是洋洋大觀，對於促進歷史文化的研究與發展實在有難以形容的價值。

但在這樣龐大的數量中，使用「史學叢書」名稱的却只有清光緒年間廣東廣雅書局的一部。

事實上：歷史學在中國是發達最早的一門學問，二千餘年來連綿不斷地繼續發展，並且隨著時代演變更新進步。在世界文化史上，中國史學眞可說是一枝獨秀。近年以來，中國歷史文化的研究成爲世界各國學術界一時風尚，中國史學先哲前賢的珍貴而豐厚遺產，更受到舉世的重視和尊敬。惟其如此，我們自然可以堂堂正正高舉中國史學的大旗，這就是本叢書命名的由來。

中國史學的範圍非常廣泛，要想在這一部叢書中包羅萬象，是事實所不許；今惟有在適應當前中外學人的普遍興趣以及編者個人學識能力的原則下，決定一個方向，就是以明清史料作本叢書選輯的優先對象。

至於史料的選擇取用，主要原則在「實用」與「罕見」，由編者綜合若干有關專家學者的意見而後決定；是這樣地集思廣益，應該可以適應一般需要。

對於史料的形式，也就是版本，儘可能選用初刻或精刻的善本，在「罕見」的原則下自然更注意搜求手寫稿本。

印刷方法是完全按原版影印，不加描摹，因爲此時此地印刷廠沒有描摹的人才；並且爲適合國內多數學人的購買能力，對於許多卷帙浩繁的書籍是採用縮小影印方式，以減少篇幅降低成本。至於罕見的手寫稿本則儘可能地按原書大小影印，以便閱讀。

選印在本叢書內的每一史料也就是每一部書，編者都儘可能地約請專家學者撰寫序跋，指陳其價值或版本異同，中外學人當可一目瞭然其書內容大要。

儘管在編印體例上有若干與衆不同的改進，但一定還有許多疏漏的地方，希望海內外方家多加督責，以便隨時更新。

吳相湘

中華民國五十三年十一月十二日於臺北市

天學初函影印本序

羅　光

天學初函爲明末李之藻所編輯，一六二八年刊刻，次年之藻卒。之藻生於一五六五年，少於徐光啓三歲，與光啓隨利瑪竇研究西學，又同篤信天主教；晚年，輯集利子、光啓、龐廸我、熊三拔、艾儒畧、陽瑪諾，以及他自己的譯著，合成兩編：一爲理編，一爲器編；每編收書十種，共二十種，題名天學初函。

理編所收十種，乃討論天主教理的書，之藻稱爲『要於知天事天，不詭六經之旨，稽古五帝三王，施今愚夫愚婦性所固然。』（刻天學初函題辭）。

器編所收十種，爲論數學天文水利各科的譯書。這十種科學譯述，爲中國近代翻譯西洋科學書籍的最早紀錄。之藻稱讚說：『迄今又五十年，多賢似續，翻譯漸廣；顯自法象名理，微及性命根宗，義暢旨玄，得未曾有。』（刻天學初函題辭）。

天學初函刻印以後，中外流傳頗廣。然而時至今日，相隔已經三百三十七年，各處所存的刻本，已經很稀少了。五年以前。我尚寓居羅馬，耶穌會士德禮賢神父以天學初函一部，囑托保存。緣德神父爲編撰利瑪竇的義大利文中國傳教史，曾向金陵大學借用天學初函全部，許諾閱讀後送還。共黨旣竊據大陸，德神父又已年老，自知不久於人世，乃以所借書册囑托保存，並要求簽字許諾在大陸恢復自由後，將此書歸還金陵大學。兩年後，德神父去世。

今夏六月，我在臺北參加敎務會議，鄉友吳相湘先生來訪，談及影印曾文正公及曾惠敏公手書日記事。我告以三年前，胡適之先生曾想影印利瑪竇的「西國記法」一書，托我由梵諦岡圖書館所藏書中攝影，後來適之先生因病，不能顧到影印事，影片現存臺南主敎公署。相湘先生欣然色喜，願將這書影印，又聞我代保管「天學初函」，更欲影印「天學初函」全部。我乃函托羅馬趙雲崑神父計劃攝影。

相湘先生影印「天學初函」，用爲紀念　國父孫逸仙先生百週年誕辰。孫先生建造民國，提倡科學——民主和科學，爲西洋的政體和學術之基礎。天學初函所收二十種書，即是中國第一期研究西洋學術的譯著。影印這書以紀念孫逸仙先生，意義很深遠又很適當。

「天學初函」在我們中國的學術史上，是一册最有價值的書；開中國思想革新的先河，啓中國學術前進的門戶。最可惜的事，是有清三百年沒有繼承他們事業的人，使三百年前已有西洋科學的中國，到今日仍被視爲科學落後的國家！影印「天學初函」，足以令我們自愧自勉。

李之藻編輯「天學初函」，收集天主敎人士的譯著，他的心目中，曾看到佛敎的大藏和道敎的道藏。佛僧自魏晉到唐宋，譯經疏經，積成了宋高宗所刻的大藏經。道敎的典籍，雖然蕪雜，然賴宋眞宗的御旨，也編成寶文統錄。之藻收集初期天主人士的譯著，名曰「天學初函」，理想着後來有人繼續編刻二函、三函，以至千百函，可以和佛藏道藏相抗衡。不意在初函以後，天學便沒有續編！

之藻的生辰，今年正值四百週年。我們影印他所編輯的這部書，自覺對不起先賢。以我們今日研究學術的環境，比起光啓和之藻等先賢研究學術的環境，不知優良幾千百倍；而我們所得的收穫，比起先賢輩己有的收穫，却又不知貧弱了幾千百倍！是我們的天資不及先賢呢？是我們的勤奮不如先賢呢?!天資固有高低；但是今日所缺的實在是我們研究學術的勤奮精神。影印「天學初函」以紀念先賢，我們要發憤在「初函」影印之後，能有繼起的續函，以實現先賢的理想，以發揚先賢的精神。

中華民國五十四年八月二十三日，羅光序於臺南主教公署。

李之藻輯刻天學初函考

——李之藻誕生四百年紀念論文

方豪

李之藻生前篤信天主敎，參加修曆，翻譯科學與哲學書籍，久爲世人所稱道；余以爲其事功最著者，莫若彙刻「天學初函」。

蓋吾人之知有明末若干宗敎與科學書籍，多由於四庫全書之著錄，或存目而加以詆毁，凡愈受擯棄者必愈受人注意，古今中外皆然。然四庫著錄而排斥者，又皆爲天學初函所收輯。無天學初函，則其中若干種，恐早已澌滅以盡矣！民國八年夏，陳援菴先生序重刋畢方濟（Franciscus Sambiasi）「靈言蠡勺」曰：

「天學初函，在明季流傳極廣，翻版者數次，故守山閣諸家均獲見之。惟理編自遭四庫屏黜以來，校刻家不敢過問。之藻之意本重在理編，使人知昭事之學之足貴，而四庫及諸家所錄，乃舍其理而器是求，眞所謂買櫝還珠者哉！然吾人今之所以能知有是書者，實賴四庫此一斥。四庫明謂特存其目，以著之藻左袒異端之罪也，今反以是喚起吾人之注意，豈紀昀等所及料哉？」

試讀四庫全書總目提要卷一二五子部雜家類存目二，所收與西敎士有關之書，計有：辯學遺牘、二十五言、天主實義、畸人十篇、交友論、七克、西學凡、靈言蠡勺、空際格致、寰有詮。前八種皆見於天學初函理編。寰有詮爲傅汎際（Franciscus Furtado）譯義，之藻達辭，之藻不收，謙也；空際格致爲高一志（Alphonsus Vagnoni）

撰，「古絳後學韓雲訂」。按天啓四年（一六二四）後，一志皆在山西傳敎，直至崇禎十三年（一六四〇）去世。韓雲、韓霖兄弟，皆彼時受洗，確期不知。「空際格致」亦無刊行年月，並無序跋可稽；天學初函刻於崇禎三年（一六三〇），或之藻不知其書。但崇禎三年前已刻之書而未收者，亦不在少，無足奇也。

理編所收書中，職方外紀則見四庫提要卷七一史部地理類四。

天學初函器編之書，見於四庫提要卷一〇六子部天文算法類一者有：表度說、簡平儀說、天問略、測量法義、句股義、渾蓋通憲圖說、圜容較義；見於卷一〇七天文算法類二者有：同文算指、幾何原本；見於卷一〇二農家類者有：泰西水法。

天學初函則見於四庫提要卷一三四子部雜家類存目十一。

四庫提要對以上各書，凡僅存目者，皆抨擊甚力；卽著錄各書，亦有微辭；用力愈深，愈見其對天學初函及初函所收各書之重視，故略述其概。

一、編刻天學初函之旨趣

中央研究院歷史語言研究所藏有天學初函一部，本文據以參考者卽此本也。

初函分理、器二編，二編之首各有之藻所撰「刻天學初函題辭」，文不長，全錄於後：

「天學者，唐稱景敎，自貞觀九年入中國，歷千載矣！其學刻苦昭事，絕財、色、意，頗與俗情相盭，要於知天事天，不詭六經之旨。稽古五帝三王，施今愚夫愚婦，性所固然。所謂最初、最眞、最廣之敎，聖人復起，不易也。皇朝聖聖相承，紹天闡繹，時則有利瑪竇者，九萬里抱道來賓，重演斯義，迄今又五十年；多賢似續，翻譯漸廣：顯自法象名理，微及性命根宗，義暢旨玄，得未曾有。顧其書散在四方，願學者每以不能盡覩為憾！茲為叢諸舊刻，臚作理、器二編，編各十種，以公同志，略見九鼎一臠。其曰『初函』，蓋尚有唐譯多部，散在釋氏藏中者，未及檢入。又近歲西來七千卷，方在候旨；將來問奇探賾，尚有待云。天不愛道，世不乏子雲夾漈，鴻業方隆，所望好是懿德者，相與共臻厥成。若乃認識眞宗，直尋天路，超性而上，自須實地修為，固非可於說鈴書肆求之也。涼菴逸民識。」

讀題辭，可見之藻目的，仍以宗教為要，尤重實踐，則說理之書亦可廢也。之藻對於教義瞭解之深，亦不難於此見之。「涼菴逸民」為之藻別號。

二、天學初函之內容

題辭中之藻明言：「臚作理、器二編，編各十種。」所謂「理」者，並非僅指教理而言，故敍述西洋學術之概要者、介紹世界地理者亦屬焉。其目如下：

西學凡　天學實義
唐景教碑附　辯學遺牘
畸人十篇　七克
交友論　靈言蠡勺
二十五言　職方外紀

器編十種，其目如下：

泰西水法　簡平儀
渾蓋通憲圖說　同文算指前編、通編
幾何原本　圜容較義
表度說　測量法義
天問略　句股義

目錄所列「天學實義」，乃原名，後改「天主實義」；「簡平儀」，應作「簡平儀說」。

各書內容，亦簡介於後：

西學凡，一卷，「西海耶穌會士艾儒略答述」，介紹西洋文、理、醫、法、教、道六科，理指哲學，教指教律，道則神學也。理科包括理則學、物理學、形上學、數學、倫理學。書前有許胥臣引，書後有熊士旂跋及楊廷筠刻西學凡序。

唐景教碑附，一卷，僅載景教流行中國碑頌并序及李之藻讀景教碑書後。

畸人十篇，上下二卷，「利瑪竇述」「後學汪汝淳較梓」。前有李之藻刻畸人十篇序、周炳謨重刻畸人十篇序、王家植題畸人十篇小引、冷石生演畸人十規。末附西琴曲意八章；最後爲涼庵居士即李之藻跋。

交友論，一卷，「歐邏巴人利瑪竇譔」。前爲馮應京刻交友論序、瞿汝夔西域利公交友論序。

二十五言，一卷，「大西利瑪竇述」「新都後學汪汝淳較梓」，乃汪氏重刻本，前有馮應京重刻二十五言序，末有徐光啓跋二十五言。

天主實義，上下二卷，「耶穌會中人利瑪竇述」「燕貽堂較梓」。前有李之藻天主實義重刻序、馮應京天主實義序、利瑪竇天主實義引。

辯學遺牘，一卷，「習是齋續梓」。包括「虞德園銓部與利西泰先生書」「利先生復虞銓部書」「利先生復蓮池大和尚竹窗天說四端」。末附涼庵居士跋。

七克，七卷，「西海耶穌會士龐迪我譔述」「武林鄭圃居士楊廷筠較梓」。前有楊廷筠、鄭以偉、曹于汴七克序、陳亮采七克篇序、龐迪我七克自序。

靈言蠡勺，二卷，「泰西畢方濟口授」「吳淞徐光啓筆錄」「愼修堂重刻」。前有畢方濟引。

職方外紀，五卷，首卷一卷，「西海艾儒略增譯」「東海楊廷筠彙記」。前有李之藻刻職方外紀序、楊廷筠序艾儒略小言、萬國全圖。書中並附亞細亞圖、歐邏巴圖、利未亞圖及亞墨利加圖。

泰西水法，六卷，「泰西熊三拔課說」「吳淞徐光啓筆記」「武林李之藻訂正」。前有徐光啓、曹于汴、鄭以偉序及三拔自識「水法本論」。末附龍尾、玉衡、恆升、水庫及藥露諸器圖。

渾蓋通憲圖說，上下二卷，首卷一卷。「浙西李之藻振之演」「漳南鄭懷魁輅思訂」。前有之藻自序及樊良樞「鈔渾蓋通憲圖說跋」。

幾何原本，六卷，每卷皆各有卷首一卷。「泰西利瑪竇口譯」「吳淞徐光啓筆受」。前有光啓自書刻幾何原本序、利瑪竇譯幾何原本引、光啓記幾何原本雜議及題幾何原本再校本。

表度說，一卷，「泰西熊三拔口授」「慈水周子愚、武林卓爾康筆記」。前有周子愚及李之藻序。

天問略，一卷，「泰西陽瑪諾條答」「豫章周希令、秣陵孔貞時、巴國王應熊同閱」。前有孔貞時題天問略、王應熊刻天問略題詞及陽瑪諾自序。

簡平儀說，一卷，「泰西熊三拔撰說」「吳淞徐光啓劄記」。前有徐光啓序。

同文算指，前編二卷，通編八卷，前編卷上卷下皆題「西海利瑪竇授」「浙西李之藻演。」通編卷一題同上，卷二、卷三、卷四、卷五、卷六、卷八不題，卷七僅題「浙西李之藻演」。前編有徐光啓刻同文算指序及之藻自序，通編有楊廷筠序。前編及通編總目後均有「澶淵王嗣虞、新安汪汝淳、錢塘葉一元同較梓」字樣。
圜容較義，一卷，「西海利瑪竇授」「浙西李之藻演」。前有之藻序。
測量法義，一卷，「泰西利瑪竇口譯」「吳淞徐光啓筆受」。前有徐光啓題測量法義。
句股義，一卷，「吳淞徐光啓譔」。前有序，未題名，但序中云：「自余從西泰子譯得測量法義」，可見即光啓自作。
故全書共達六十卷，若不計職方外紀卷首一卷、渾蓋通憲圖說卷首一卷、幾何原本六卷每卷之卷首一卷，尚得五十二卷。但據字體觀之，可知並非完全新刻，大多係取各書原版合而爲一。

三、天學初函所遭受之抨擊

四庫總目提要卷一三四子部雜家類存目十一曰：「天學初函五十二卷，兩江總督採進本」。曰五十二卷，蓋不括各書之「卷首」也。評曰：

「明李之藻編。之藻有頖宮禮樂疏，已著錄。初，西洋人利瑪竇入中國，士大夫喜其博辯，翕然趨附，而之藻與徐光啓信之尤篤。其書多二人所傳錄，因裒爲此集。書凡十九種，分理、器二編：理編九種：曰西學凡一卷、曰畸人十論二卷、曰交友論一卷、曰二十五言一卷、曰天主實義二卷、曰辨學遺牘一卷、曰七克七卷、曰靈言蠡勺二卷、曰職方外紀五卷；器編十種：曰泰西水法六卷、曰渾蓋通憲圖說二卷、曰幾何原本六卷、曰表度說一卷、曰天問略一卷、曰簡平儀說一卷、曰同文算指前編二卷、通編八卷、曰圜容較義一卷、曰測量法義一卷、測量異同一卷、句股義一卷。其理編之職方外紀，實非言理，蓋以無類可歸，而綴之於末。器編之測量異同，實自爲卷帙，而目錄不列，蓋附於測量法義也。」

提要以上所云，實不盡然，不能不辨。之藻「刻天學初函題辭」旣明言「臚作理、器二編，編各十種」，吾人卽不可不尊重原編者之旨意，而擅將二十種改爲十九種也。提要所稱「理編九種」者，乃略去「西學凡」後所附之「唐景敎碑」也；且旣知「測量異同」乃附於「測量法義」，同爲「附」屬之書，何以原目錄不列之「測量法義」，必欲將其分列；而原目錄已列之「唐景敎碑」反加以删除？可謂矛盾已極！提要卷一二五許西學凡，竟誤景敎爲火祆敎，至爲可笑！此或被删之故歟？

又旣將「測量異同一卷」另列，則器編應爲十一種，何以仍稱十種？全書應有五十三卷，何以仍稱五十二卷？又「畸人十論」，亦爲「十篇」之誤，皆可見提要作者之不經心！

提要又曰：

「西學所長在於測算，其短則在於崇奉天主，以炫惑人心。所謂自天地之大，以至蠕動之細，無一非天主所手造，悠謬姑不深辨，卽欲人舍其父母，而以天主爲至親；後其君長，而以傳天主之敎者執國命，悖亂綱常，莫斯爲甚！豈可行於中國者哉？之藻等傳其測算之術，原不失爲節取，乃併其惑誣之說，刋而布之，以顯與六經相齟齬，則傎之甚矣！今擇其器編十種可資測算者，別著於錄；其理編則惟錄其職方外紀，以廣異聞，其餘概從屏斥，以示放絕；併存之藻總編之目，以著左袒異端之罪焉！」

前引陳援菴先生之言曰：「吾人今之所以能知有是書（指盬言蠡勺）者，實賴四庫此一斥」；又曰：「今以是喚起吾人之注意，豈紀昀等所及料哉？」

四、清末民初學人之搜求

拙編「馬相伯先生文集」四十七至四十九頁，收相伯先生致張漁珊司鐸六書，均歸上海徐家滙藏書樓保存，蓋張司鐸曾任該樓主任也。書係徐宗澤司鐸抄寄，並云係民國四年所作。

第二書有云：「徐滙藏書樓現有天學函理編十種，甚善！……器編十種，名目另紙開呈，似曾於書樓見過。……英君斂之擬刊天學函，作一序以矯正之。」

馬先生曰：「器編十種，名目另紙開呈」，則理編十種，恐亦開列名目，徐滙藏書樓皆有其書，而未必為天學初函本也。「天學初函」馬先生此札中皆略去「初」字。時先生寓北京培根女校，即斂之先生之妹貞淑所主持者。

第四書有云：「學部誠有天學初函，但不知裝在何箱？七克與名理探無從借取校對也。」

馬先生知學部（後改名教育部）有天學初函，又誤以為七克與名理探皆在其中，擬借出校對，實則名理探並未收入天學初函。

第五書有云：「茲悉教育部藏書樓有天學初函，內有七克，若有名理探，大可責我校對矣。」

讀此札，可知馬先生仍疑天學初函內有名理探也。

第六書有云：「來諭抄得天學器編三冊，惟校對之工人，將何以酬我乎？我則以為雖十倍抄價，亦大菲也！閣下未必肯酬，為此並抄值亦不須酬矣！」

馬先生意謂彼將爲此三冊作校對，但校對之酬勞應十倍於繕抄；張司鐸或不願爲校對出酬，故彼亦不付抄資矣。馬先生與張司鐸極熟，故作此玩笑語也。

馬相伯先生文集二一〇頁，余在民國八年八月三日馬先生致英斂之先生一書後，有按語，錄湯化龍致英先生函，湯先生稱「馬參政」，按馬先生任參政院參政在民國三、四年，則此函當作於袁世凱稱帝前，余曩以之證民國八年事，實誤。函云：

「馬參政擬借名理探及天學初函二書；查圖書館內藏書有天學初函一種，並無名理探。現在此項藏書正在整理，未能借出；應俟整理就緒後，再行函知馬參政領借可也。」

此函可與馬先生致張漁珊書互證，可知亦作於民國四年也。

民國四年，馬先生之所以如此熱心訪求天學初函，實受英斂之先生之影響。是年聖誕節，英先生跋重印辯學遺牘，有云：

「天學初函，自明季李太僕之藻彙刊以來，三百餘年，書已希絕。鄙人十數年中，苦志搜羅，今幸覓得全帙。內中除器編十種，天文曆法，學術較今稍舊，而理編則文筆雅潔，道理奧衍，非近人譯著所及。鄙人欣快之餘，不敢自祕，擬先將辯學遺牘一種排印，以供大雅之研究。」

在民國四年時，（民國以後，英先生撰文皆用公曆紀年）云搜羅已歷十數年，以十五年計，則英先生之注意天學初函，已早在庚子義和團起事之前後。至民國四年而能覓得全帙，蓋亦雜湊而成，其得力於馬相伯先生之代向上海徐家滙藏書樓借抄，至爲顯然。

同時，馬先生亦撰「重刊辯學遺牘跋」曰：

「大公報主任英斂之喜見天學初函，亟爲重校，刊報尾廣布，計余所見重刊，此其四矣。」

民國以後，英氏名義上雖仍負大公報之責，但實際已脫離該報，隱居北平香山。民國四年重印本，仍由大公報印刷；但在報尾刊布，則在四年前。

民國五年，英先生著「萬松野人言善錄」出版；八年再版，四月陳援菴先生作跋，知在六年與八年之間，援菴亦向斂之訪求天學初函內各書，跋曰：

「余之識萬松野人，因言善錄也。言善錄每述明季西洋人譯著，有爲余所欲見而不可得者：靈言蠡勺、七克，其尤著也。童時閱四庫提要，即知有此類書，四庫概屏不錄，僅存其目，且深詆之，久欲一覩原書，粵中苦無傳本也。丁巳春，居京師，發願著中國基督教史，於是搜求明季基督教遺籍益亟。更擬仿朱彝尊經義考、謝啓昆小學考之例，爲乾隆基督教錄，以補四庫總目之闕，未有當也。已而得言善錄，知野人藏此類書衆，狂喜，貽書野人，盍假而讀之，野人弗吝也。余極感野人，野人亦喜有人能讀其所藏，並盼他日彙刻諸書，以編纂校讐之任相屬，此余訂交野人之始也。顧野人憊矣；雖年未滿六十，然生平用力至勤，至今精力已遠不如昔，雖欲復事鉛槧，一展卷而目眩矣。言善錄言將重刊靈言蠡勺，以餉當世，久而未刊者，亦以校讐之未得其人也。」

丁巳爲民國六年。余藏有援菴先生致斂之手札一通，即當時借書之便函，文曰：

「斂公先生大鑒：該書已讀一過，錯有數字，今另紙錄呈，乞察。七克能檢賜來价携返否？（旁註曰：不便，可俟異日）費神之至，並候刻安。陳垣謹上。十六日。」

所謂「已讀一過」者，疑即靈言蠡勺，此書後即由援菴在民國八年夏重刊，並作序，序文已節錄於前。

民國六年，援菴又至上海徐家滙藏書樓訪書，所訪者必仍爲天學初函所收各書。余藏是年十一月八日援菴自日本奈良致英先生明信片。大正六年十一月八日之郵戳甚淸晰。明信片一面之上端曰：

「支那北京西安門內英寓：英斂之先生。日本奈良旅次陳垣寄。十一月八日。」

下端書曰：

「別後廿四日到上海，訪朱、馬兩先生，起居均適，可以告慰。在徐家滙藏書樓閱書四日，頗有所獲，明末淸初名著，存者不少，恨無暇晷遍讀之也。廿九晚離上海，現在奈良遊覽，尚未能到東京，知念謹先聞。並候元甫先生均好。」

「朱、馬兩先生」指朱志堯與馬相伯。元甫姓慕，爲陳、英二先生好友。在徐家滙藏書樓能見明末淸初之名著，又適合援菴先生之所好，而能「頗有所獲」，且爲斂之先生所喜聞者，其中必大部爲天學初函所收各書也。此片余曾發表於拙編北平「上智編譯館館刊」第三卷第一期。

五、天學初函重刊與續編之計劃

陳援庵先生自日本致英斂之先生函後匝月，又有函致慕元甫先生，亦述及在上海訪書與教中有刊公教叢書之議，曰：

「過滬時，曾晤馬老先生數次，精神矍鑠如恆，可以告慰。到東後，曾上斂之先生一片，未識得邀青盼否？……垣臘盡當歸國。聞徐滙張司鐸說：教中同志有刋公教叢書之議，未知能成事實否？望公與斂公有以促成之。徐滙藏教中名人舊著不少，正不止一寰有詮已也。惜垣無暇，不能在滬寢饋數月，至爲憾事！垣欲仿開元釋教目錄之例，爲乾隆基督教目錄，網羅乾隆以前教中名著敍跋，而著錄論列之，此志未知何日償也。斂之先生常晤面否？見時乞爲道及，不另。專此並候著安。斂之先生均此。陳垣拜啓。十二月八日時客東京。」

張司鐸名璜，字漁珊，時任徐滙藏書樓主任。民國十八年卒。此一叢書計劃，當時援庵先生亦頗贊成，且盼慕元甫、英斂之二先生促成之。此函余亦曾發表於「上智編譯館館刋」三卷一期。

前云民國四年，相伯先生擬向教育部借閱而未借到之天學初函，不久即借到。馬相伯先生文集二一五、二一六頁，有馬先生致張漁珊司鐸三函，係徐宗澤抄寄，並註云：在民國八年。但第三函述及已借到天學初函，則必在北京，且必在民國四、五年；若民國八年，則馬先生已回滬矣。函曰：

「近於故紙底中拾有陽瑪諾以洋筆塗改之天學舉要凡十二款，惜有一二款缺首尾。前者聽人携取，近既不許英、馬參觀，故略知寶貝。然書架底之故紙仍有。孰知吾教之古書，亦遭秦火，非秦火也！乃妬火耳！囑寄之書，一一付郵，度已徹几，祈檢復。近借到天學初函全部。匆此，順頌道安。若石馬頓首。十一月一日。」

此函，在不諳民初北平天主教會情形者，或不易曉。所謂「故紙底中」指未整理前之北堂圖書館也。此館藏明末以來，教會中西文書籍極多，尤以西書之價值爲高，蓋多爲利瑪竇諸人之遺物。在未整理前，並無借書制度，故曰：「聽人携取」，散失頗多。民初，相伯先生與斂之先生上書教廷，請辦大學，（見馬相伯先生文集二一一頁）頗爲北平敎會所不滿，故有「不許英、馬參觀」之事，馬先生稱之爲「妬火」。「若石」爲馬先生聖名若瑟之異譯。

余編相伯先生文集，付印將竣，承援庵先生交來四函，乃爲列於「增編」，其第三函載四一四頁，有云：

「徐滙管藏書樓徐君潤農，擬重刊天學初函，幷續刊二函、三函等；不但有命重刊，且可不在土山發刊，故託良代求斂之先生校對之初函，（嘗與教育部所藏校對者）存在舊輔仁社者，千里之夫人當知之。可否囑千里檢出，覓妥便寄交徐家滙藏書樓管理人，以備重刊？」

潤農乃徐宗澤字；土山爲土山灣簡稱，有天主敎孤兒院附設之印書館。謂得敎會許可，可以重印天學初函，並續編二函、三函，且可以交敎外書局發行，不必一定在土山灣印行也。讀此函可知舊敎育部所藏之天學初函確已借出，或因馬先生回南，而由英先生據以校對其配抄之本。

同時，馬先生亦有函致徐司鐸，見文集三四一頁，徐司鐸謂約在民國十八年。蓋張漁珊司鐸卒於十八年，而徐司鐸卽於同年繼長徐滙藏書樓，函云：

「玆得援菴先生來信，謂已囑英千里將前校對之天學初函寄滬，不識尊處收到否？援翁言：初函器編十種，外間多有傳本，刻之無謂；至理編九種，或已重刻，或各堂多有刊者，再刻亦無謂；惟西學凡、廿五言二種，不多見，近於別處見有改本，援翁已擬將改本分上下層排印，以故初函實無重刊之必要。援翁代輔仁抄本之名理探，早不脛而走，可見華人研古之一斑矣。倘得超性學要借出，或影或刊，援翁願自任，誠恐堂中做事，商量復商量，太遲延耳。」

至此，援菴先生既表示初函無重印之必要，再加馬先生之附議，敎會遂亦將此議擱置。至援菴先生欲印超性學要事，馬先生另有一函致徐司鐸，亦提及之，或亦在十八年，見文集三七五頁：

「頃得援翁函，意在速印，時機似不可錯。閣下之時，既在供差遣，遑問校對？陳君蓋恐長上之允印，又付之於無有之鄉也。若名理探之影印法，如果有費，何妨一試之？長上見其省費，或肯再印他書，於我等抱殘守闕之初心，大可得步進步。」

余藏援菴先生致斂之先生函，亦談及印超性學要，但其時恐較早。蓋斂之先生卒於民國十五年陽曆一月十日，故此函最遲必在民國十四年，余考定其為民國八年，（見下）亦足見其計劃已久矣。函曰：

「頃言翻刻舊籍事，與其倩人繕鈔，毋寧逕將要籍借出影印。假定接續天學初函理編爲天學二函……三函……分期出版，此事想非難辦。細思一過，總勝於鈔，鈔而又校，校而付排印，又須再校，未免太費力。故擬仿涵芬樓新出四部叢刊格式，先將超性學要廿一冊付影印，卽名爲天學二函，幷選其他佳作爲三函；有餘力幷覆影初函。如此所費不多，事輕而易舉，無繕校之勞，有流通之效，宜若可爲也。乞函商相老，從速圖之。此事倘行之於數年前，今已蔚爲大觀矣。晨起書此，不勝企盼，卽請斂公早安，垣謹白。五月八晨。」

函曰：「擬仿涵芬樓新出四部叢刊格式」，按四部叢刊初編之影印在民國八年，其時正在重刊辯學遺牘與靈言蠡勺之後，故深感繕校之勞也。又豈知陳先生之宏願，四十餘年後猶未能實現乎？

上海聖教雜誌自第二十三卷第三期起至第十期止（卽民國二十三年三月至十月）每期刊有「名理探十倫重印預告」，曰：

「本社於一九一九年（按爲一九三一年及一九三二年之誤）曾重刻利子類思之超性學要及傅子汎際、李子之藻之名理探二書，共二十一冊，早已出版。惟傅、李二子之名理探尙有十倫五卷，近由法國國立圖書館影印寄歸，現在準備重刻中。傅、李二子除名理探外，尙有寰有詮六卷，本社亦擬重印。其他明末淸初公教學者所刊印之書，尙可擇優重印，俟有相當冊數，擬輯爲天學二函，以繼李子未竟之志。想同道者同意也者。今將付印者爲名理探十倫，特此預告。」

但此一連八個月刊出之預告，並未實現。名理探十倫終於民國二十五年九月，由商務印書館編入萬有文庫第二集。天學二函之議，更爲徒託空言。當時之所以刊登預告者，蓋不願他人印行也。

六、國內之天學初函藏本

一、中央研究院歷史語言研究所傅斯年圖書館藏本。

二、北平國立圖書館藏本，藏善本室善字第六九四號。按此本卽前學部所藏，馬相伯先生曾借出，而與英斂之先生據以校配抄本者。

據國立北平圖書館善本書目卷三子部雜家類叢書之屬，共五十六卷。列景敎碑爲「唐釋景淨撰」。景敎敎士稱「僧」則有之。稱「釋」則未之見也。又稱全書二十二種，亦誤。職方外紀，題楊延筠記，「延」爲「廷」之誤。

三、國立北京大學藏本。據該校圖書館善本書目，共十九種，五十四卷，二十八冊。

四、英斂之先生藏配抄本。見前引英先生「跋重印辯學遺牘」曰：「天學初函，自明季李太僕彙刊以來，三百餘年，書已希絕。鄙人十數年中，苦志搜羅，今幸覓得全帙。」英先生曾用馬相伯先生向敎育部借出之本對校；英先生卒後，又由其哲嗣千里先生借與上海徐家滙藏書樓，作爲校對之用。

五、私立金陵大學藏本。按德禮賢（Pasquale D' Elia）著利瑪竇全集（Fonti Ricciane）Ⅱ，XXX在徵引書目附註中，曾特別致謝金陵大學當局，將該校圖書館藏本慷慨出借。

六、國立中央圖書館藏殘本，八卷六冊。計爲七克，存卷一至卷四；幾何原本，存卷首、卷一至卷二；表度說，一卷。見國立中央圖書館善本書目上。

七、上海徐家滙藏書樓，收羅已全，民國三十五年余曾瀏覽，但係將各書不同版本雜湊而成，亦有非明刻者，有配抄者。曾經馬相伯先生、張漁珊、徐宗澤諸人校改。

八、洛陽蔣恢吾先生藏本。聖教雜誌第二十四卷第十期徐宗澤著「洛陽遊記」，記民國二十四年七月二十四日至洛陽，由萬松山房書肆朱先生介紹，知河南通志館編輯蔣恢吾先生亦藏有天學初函一部，惜一時未尋獲，不克寓目。

九、民國二十二年，北平某書肆售出者，亦見上述徐宗澤「洛陽遊記」。

此外，國內當尙有藏者，惜余固陋，不能盡舉。其藏有天學初函所收書一二種，而非初函所收之舊者，亦不錄。余藏有「西學凡」抄本一冊，雖外題「天學初函」四字，但不能列入。又如鄭振鐸「刼中得書記」記「西學凡」，「明艾儒略答述，不分卷一冊，天啓癸亥刻本。」曰：

「此書題西海耶穌會士艾儒略答述，與三山論學紀合訂爲一冊，版式亦同。蓋天啓時杭州單刊本，非天學初函之零種也。」

態度頗認眞，但鄭氏不知天學初函原係集各書原版刷印而成，非別有特刻版也。

徐譯幾何原本影印本導言

毛子水

徐光啓和利瑪竇的翻譯幾何原本，是泰西學術輸入中國的第一件大事。這件事情，無論從中國文化的立場或從西方文化的立場講，都是一件最值得紀念的事情。

現在影印這部三百多年以前刻版的幾何原本，當然是存古的意義大而實用的意義小。但我們若從學術史的觀點講，則這本書乃是大學圖書館或任何稍具規模的圖書館所應常備的書。爲了使普通讀者對這部書多了解一些，我把有關這部書的史實略述於下。

一、幾何原本和幾何原本的作者

幾何原本，可以說是古代希臘最完善的幾何學教科書，也可以說是自古以來世界上用得最廣而最長久的教科書。希臘的幾何學，據希臘的史家說，是他勒（Thales，相傳西元前五八五年的日食是他預先宣告的）學自埃及的；近代有些科學史家則以爲幾何學可能是自巴比倫傳入希臘的。但古代埃及和巴比倫所遺留下來關於算學的殘篇，都很粗淺，距離一種演繹科學的境界還很遠。所以我們可以堅信幾何學的成爲一種科學，乃是由於希臘人自己的才智。

他勒是古代希臘七聖之一。據說，他因經商而居留埃及二十餘年；從埃及的僧侶學得幾何學。普祿他克（Plutarch）則以爲他勒是傾心民主政治的；他曾引用他勒給索倫（Solon）的信以證明他的說法。

就現在所能見到的典籍講，他勒實在可稱爲希臘幾何學的初祖。

我們現在這部幾何原本的作者爲歐幾里得（Euclid，約西元前三三〇—二六〇）。從他勒去世時至歐幾里得的壯年時期，至少應有二百五十年。這二百五十年中間，希臘曾有過好幾位大算學家。從文籍可考見的，也有三四算學家著述過幾何原本那樣的書。從歐幾里得這部幾何原本來看，我們已難分辨出那些是歐幾里得自己的發明，那些是繼承前人的。我們似乎可以這樣推測：歐幾里得以前的人所做的幾何原本，似都因歐幾里得的書而湮沒了。至於歐幾里得以後的學者，則還沒有能做一部這樣的書以駕陵歐幾里得的幾何原本的。一百多年以前，英國一位算學家棣麼甘（De Morgan，西元一八〇六—一八七一），寫了好幾種算學教科書，但沒有寫幾何學。他以爲，有歐幾里得的書，就用不着再寫一部幾何學的教科書了。我們知道，二百多年來許多「改良」的幾何學教科書確有比幾何原本好的地方，但似乎沒有一部能流傳得像歐幾里得那麼長久的。最近（一九六一）美國中學算學研究會（SMSG）編纂幾何學課本的人這樣說，「我們從開頭到完工，總帶著一種信心，就是：歐幾里得幾何學傳統的內容，是大大的值得它現在在中學課程中所佔的那個顯殊的地位的；因此，我們只在十分必要時才加以變更。」

就泰西的書林而言，在版本和譯本的數目上，歐幾里得的幾何原本僅次於耶教的聖經。

當然，百餘年來「非歐幾里得」幾何學的發達，乃是算學史上燦爛的一章。但這件事和歐幾里得在普通教育上的功效是沒有衝突的。至於近世「幾何基礎」的學問，似不是初等幾何學課程所適用的。

歐幾里得的生平，我們知道得很少。傳下來的記載，有Proclus（西元四一〇—四八五）關於他的叙述（根據Heath的英譯）：

『歐幾里得，編輯「原本」，採用許多 Eudoxus 的理論，修正許多Theaetetus的說法，又把他以前的學者不十分精審的東西都嚴密的證明出來。他是多祿某一世時代的人。因爲和多祿某一世相銜接的亞幾默德（Archimedes，西元前二八七—二一二）曾提到歐幾里得。並且，人們曾說：多祿某曾請敎歐幾里得，幾何學上有沒有比「原本」更短的道路？他答以到幾何學並沒有御道。他應當比柏拉圖的弟子年少一點，而比Eratosthenes（約西元前二七六—一九四）和亞幾默德則年長一點；因爲據Eratosthenes自己說，他和亞幾默德是同時的人。』

這個叙述雖然簡略，乃是關於歐幾里得最古的傳記材料了。但正如英國學者喜斯(Sir Thomas Heath)在他的「The Thirteen Books of Euclid's Elements」（劍橋大學出版部一九〇八年出版）導言裏所說的：Proclus 對於歐幾里得的出世的地方和生卒的年月並沒有直接的知識；他知道歐幾里得爲多祿某一世（西元前三〇六—二八五居王位）的人，也是從推論而得的。喜斯自己也學樣作了一些推論：

『很可能的歐幾里得是在雅典從柏拉圖弟子處受到算學的訓練的；因爲那時大多數能够敎他的幾何學家都是屬於那個學校的，而且以前寫「原本」的那些學者以及這些以外的歐幾里得著書時所從取材的算學家，都是住在雅典敎書的。歐几里得可能是一個柏拉圖學派的人，但 Proclus 的話中並沒有指示這點。』

『無論怎樣，有一件事是確實的；就是，歐幾里得曾在亞歷山大城（Alexandria）任敎並且建立一個學派。因爲 Pappus 講到 Apollonius 時曾說，「他在亞歷山大城和歐幾里得的弟子相處很久，因此，他學得那些思想上的科學習慣。」』

希臘的歷史家曾講述一個故事：有人跟歐幾里得學幾何；學了一個理論便問歐幾里得說，「我學這些東西可以得到些什麼?」歐幾里得向他的僕人說，「你給他一塊錢，因爲他學東西是要賺錢的。」這是一個有意義的故事，但不知眞實性多大。（講這個故事的 Stobaeus，曾講一個關於亞歷山大帝和 Menaechmus 的故事：亞歷山大帝請 Menaechmus 用很簡要的方法教他幾何學。Menaechmus 回答說，「大王呀，在國內有御道和平民道，但在幾何學只有一種道路。」這個故事和類似的關於多祿某和歐幾里得的故事，不知道那一個是眞的。）

二、幾何原本的流傳

幾何原本所以能够成爲二千二百多年來的標準教科書，和歐幾里得在亞歷山大城教書有很大的關係。希臘的亞歷山大帝於西曆紀元前三百二十三年去世。他去世以後，他的部將都各據一方，自立爲王。埃及的王，就是他的部將多祿某。這個多祿某王朝，綿延了三百年；王位的繼承人，大概都是很能幹、很聰明的男女。第一位多祿某創立了學術的傳統；第二位建造一個圖書館和博物館於埃及的亞歷山大城。這個城成了當時學術的中心；四方的學者雲集這裏，而由王家供給費用。這個學術機構在最初二百年裏一直很興盛；西曆紀元前一百年時才開始式微，到紀元後便急遽衰落。但是，偶然的學術工作一直延至紀元四百年左右。

在這個學術機構的早期，算學有極顯殊的地位；而歐幾里得是最初到這個學術機構的著名學者。他的幾何原本的最後定本，應是當他在這個學院教的時候寫成的。就我們現在所能推論到的講，他對於以前幾何學家的著述，取材的地方自然很多。但他的這部原本在理論的序次和邏輯的謹嚴上，當是以前那些「原本」所不及的。所以這部原本可以說是集希臘幾何學的「大成」的書。

到了第八世紀的下半期，希臘文的幾何原本從東羅馬帝國傳到阿拉伯。八世紀的末年至九世紀的初年，阿拉伯的學者已把幾何原本從希臘文譯成阿拉伯文了。在第九世紀後期，還出一種阿拉伯文譯本。後來幾何原本幾種流傳下來的最古的拉丁文譯本，是從阿拉伯文譯出的。元代傳到中國的幾何原本，亦是阿拉伯文的。

一直到了西曆一四八二年，幾何原本才有印本行世。這是 Campanus 的拉丁文譯本。又過了五十一年（一五三三），才有希臘文的印本。

意大利文譯本出版於一五四三年，德文譯本出版於一五五八年，法文譯本出版於一五六四—六年，英文譯本出版於一五七〇年，西班牙文本出版於一五七六年，荷蘭文譯本出版於一六〇六年，俄文譯本出版於一七三九年，瑞典文譯本出版於一七四四年，丹麥文譯本出版於一七四五年，現代希臘文譯本出版於一八二〇年。這裏有許多譯本乃後於中譯本；因爲在這些國家裏，拉丁文本是可以通用的。

三、幾何原本的中譯本

幾何原本的中譯本，出版於一六〇三年。這是由意大利傳教士利瑪竇口譯而由吳淞徐光啓筆受的。利瑪竇的日記裡有關於翻譯幾何原本的敍述（一九五三年紐約出版的英譯本，四七六—七頁）：

『徐光啓有這麼一個意思在心裡：教義和道德的書，印出來的已有好些本了；現在應該印些介紹歐洲科學的書，有新義和實證的。這件事情照做了。爲中國士人所最欣賞的，莫過於幾何原本。這大概是因爲世界上沒有民族比中國人更重視算學的，雖然他們的傳授算學是臚列論題而不加以證明的。這種方法的結果，是任何人對於算學都可憑空構想而沒有縝密的證明。但在幾何學上，他們開了新眼界了：論題按步就班的列出，而且證明得那麼確定，卽使是最頑固的人也不會不心服。

『徐光啓一位友人，是徐的同科舉人（？）；他和利瑪竇合譯歐幾里得。這位舉人是 Didaco 神父的中文教師，並且住在教會公舍內以便和神父們用筆語談話的。不過這兩位合譯的人配合得並不十分理想。在這件事情開始以前，利瑪竇曾告訴過徐光啓：除非是一位具有特出天才的學者，是很難把這件事做得好的。於是，徐光啓只好自己來做了。由於他的力學和深思，由於他孜孜不倦、天天長時間的諦聽利瑪竇的講解，徐光啓把所學得的用很工整的中國字寫出來；在一年以內，他們便成就一部用很明晰、很雅正的中文譯出的歐幾里得原本的前六卷了。

『在這裡值得一說的，就是中國文無論在語法上或字彙上，用來表達西歐科學，並不見得不適用。徐光啓很想繼續繙譯幾何原本的後九卷，但利瑪竇神父以爲這件事可以緩圖。徐光啓便把這六卷幾何原本印成一册，並且寫了兩篇序文。第一篇是替利瑪竇寫的，講述原書的著作人，並稱讚利瑪竇老師丁先生注釋這部書的功勞。這篇序文又提到各理論和問題的應用，以及別的關于算學的事情。第二篇序文，乃是徐光啓對於西方科學和文字的絕妙的頌詞。

『這部書大大的得着中國人士的稱讚；對於當時修改曆法也很有影響。許多人士爲了要懂得明白一點，來受業於利瑪竇爲弟子；許多人也去請教徐光啓。若有一個教師指導，中國人士的容易傾心於歐洲的科學方法，和歐洲人自己一樣。他們對於比較巧妙的證明，頗能表現一種敏捷的解悟。』

這部中譯本所據的幾何原本，爲Clavius （1537–1612）所校印的拉丁文本。Clavius，卽利瑪竇序文裡所稱爲「丁先生」的。（這個「丁」字，用得頗爲有趣。喜斯在他的英文譯本導言中於 Clavius 名字後注有（Christoph Klau[?]）.,方括弧裡的疑問號當係表示他的原來德文名字是否卽是 Klau 還難十分確定。現在利瑪竇的「丁」，若用文字的形狀來講，卽德文的 Klau。這亦可爲喜斯的佐證的。）

這位丁先生，是當時歐洲著名的算學家；曾參與教皇 Gregory 修正曆法的工作。他所校印的幾何原本，初版於一五七四年印行於羅馬；一五八九、一五九一、一六〇三、一六〇七、一六一二年都有新印本。如他自己在序文中所指出，這不是一個翻譯本，但是含有以前許多學者的注解、以及他自己的批評和疏釋的。這部書非特他的學生利瑪竇稱爲「至詳至備」，卽二十世紀上半期世界上最偉大的希臘算學史家喜斯亦以爲「是一部最有用的書」。（四十年前我曾在德國購得一部初版本；今遺在北平。）

不過利瑪竇的口譯，並沒有把丁先生的評注完全譯出；實在，他只是把歐幾里得的原本照丁先生所解釋的意思簡當的說出來。我們知道，丁先生這部原本，論題的證明，並沒有全用傳統的歐幾里得的原文，而間有自己改寫的地方。在丁先生評注的原本出版前二年，意大利有一部拉丁文的幾何原本出版。這部拉丁文的幾何原本（校訂者爲 Commandinus，一五〇九—一五七五），乃是幾何原本最重要的拉丁文本；十七、十八兩世紀裡所出的各國譯本，大多數都是以這個拉丁文本爲根據的。丁先生也十分推重這個本子；但他爲要使證明容易了解起見，有些地方他便重寫過。這一點是讀徐利譯本的人所應知道的。至於徐利譯述的工作，自然值得我們敬佩。利瑪竇序文裡說：「先生就功：命余口傳；自以筆受焉。反覆展轉，求合本書之意。以中夏之文，重復訂政；凡三易稿。」這些話，可以說已經描寫出當日兩人對坐推敲的苦心了。三百多年以來，我國和日本的幾何學名詞，承襲徐利二公的譯文的很多。我們如想到凡事作始的艱難，我們就可以知道他們當日所費的精力了。

他們只譯成前六卷，我國百年前的學者多以爲憾事。宣城梅文鼎（西元一六三三—一七二一）說，「有所秘耶？抑義理淵深、繙譯不易故耶？」按歐幾里得的幾何原本，前六卷論平面幾何和比例；七至九卷論數；第十卷論無理數；十一至十五卷論立體幾何。（十四、十五兩卷，並不是歐幾里得的著作，乃是後人增補的。）就明代末年中國算學的背景而言，第七卷以下實在是可以緩圖的。利瑪竇的不願繼續繙譯，實有正當的理由。梅氏不明後九卷的內容，致疑固所難怪。近年大陸上有一位梅榮照，在「徐光啓數學工作」一文裡講到這件事情時說，「利瑪竇旨在傳教而不在譯書的眞面目，由此可見。」這等鄙陋的話，反映出共產黨統治下沒有平正通達的言論。（關於科學史的議論有這樣偏狹的見解，別的更不用說了！）試問：一百四十年以前（西元一八二四—五）J.G. Camerer和 C.F. Hauber 作歐幾里得原本前六卷的注釋；六十四年以前（西元一九〇一）Max Simon 把當時學者 J.L. Heiberg 所校訂的歐幾里得原本前六卷譯成德文載於德國算學會（？）會刊的百年紀念專號上：難道他們都是旨在傳教而不在注書和譯書麼？

徐利二氏於明萬曆三十五年（西曆一六〇七年）譯成幾何原本前六卷後，即刻版於當時的京師。到了萬曆三十九年，利瑪竇已於前一年去世，徐光啓又用利瑪竇親手校訂本和龐廸峨、熊三拔兩人「重閱一過，有所增定。」這個最後定本，即是李之藻(萬曆二十六年進士；卒於崇禎四年)彙入「天學初函」裡的。天學初函這部書，百年以前已成爲稀見的典籍了。廣東海山仙館叢書所刻的幾何原本，則錯誤很多。清同治四年金陵書局把徐利所譯的前六卷和海寧李善蘭（西元一八一〇—一八八二）偕英士偉烈亞力（Alexander Wylie，一八一五—八一）二人所譯的後九卷（初版刻於淸咸豐九年）合刻爲「幾何原本十五卷」；校印都很好。

現在吳相湘教授從羅馬把天學初函全書攝影回來以印入所編的中國史學叢書內：這件事實是出版界的美談。吳教授和出版者對於傳播學術的熱心，在我們文化上必會有相當的效果的！

中華民國五十四年十二月八日毛子水寫於臺北。

天學初函目次

第一册

第二册

第三册

第四册

第五册

第六册

刻天學初函題辭

天學者唐稱景教自貞觀九年入中國歷千載矣其學刻苦昭事絕財色意頗與俗情相盭要於知天事天不詭六經之旨稽古五

帝三王施令愚夫愚婦性
所固然所謂最初最眞最
廣之教聖人復起不易也
皇朝
聖聖相承紹天闡繹時則
有利瑪竇者九萬里抱道

來實重演斯義迄今又五十年多賢似續翻譯漸廣顯自法象名理微及性命根宗義暢旨玄得未曾有顧其書散在四方願學者每以不能盡覩爲憾茲爲

叢諸舊刻臚作理器二編
編各十種以公同志略見
丸鼎一臠其曰初函蓋尚
有唐譯多部散在釋氏藏
中者未及撿入又近歲西
來七千卷方在候

旨將來問奇探賾尚有待
云天不愛道世不乏子雲
夾漈鴻業方隆所望好是
懿德者相與共臻厥成若
乃認識眞宗直尋天路超
性而上自須實地修爲圖

非可於說鈴書肆求之也

涼菴逸民識

理編總目

辯學遺牘
七克
靈言蠡勺
職方外紀

刻西學凡序

儒者本天故知天事天畏天敬天皆中華先聖之學也詩書所稱炳如日星可攷鏡已自秦以來天之尊始分漢以後天之尊始屈

千六百年天學幾晦而無有能明其不然者利氏自海外來獨能洞會道原實修實證言必稱昭事當年名公碩士皆信愛焉然而卒未有能盡叩其學緣其

國隔九萬里象胥絕不相通所可譯者器象圖數有跡可揣之物而其於精義妙道析牛毛超象圖者書雖充棟不能盡以手口宣也推厥所繇彼中士人學

問修詣有次不能躐等徑
造極開敏者亦必廿年乃
成再三考試周德不亂乃
始聽許遠遊迨入中華間
關數載又以數載習語認
字數載通經學文始能融

會兩境義理有所闡譯而
老將至矣而我華人又鮮
肯虛心參究與共功力者
所以後先數輩率皆齎志
以歿而學不盡傳而貌取
者第敬其樸詣之魏篤與

其名理之該洽文或以為淺譾象數而無當於精奧抑孰知原原本本眞有當年累世而莫可窮竟者即如彼國讀書次第取士科條種種實修實用欲著一

詞章功利欺世盜名如吾
三代以下陋習而無所庸
之以此作養成就其人才
自是不同教化流行風俗
醇美無可疑者若疑言涉
夸毗諸賢素不妄語以余

所聞又閱多人多載顚若
畫一所稱六科經籍約略
七千餘部業已航海而來
具在可譯此豈蔡愔玄奘
諸人近採印度諸國寂寂
數簡所可當之者乎而其

凡則艾子逆以華言友人熊子士旂袁子升聞許子胥臣爲摻梓以廣異聞夫此其於天學也猶未譜象緯而先持寸軌以求夙莫者也嗟乎吾中國文徵先

天秘府名山所藏即珠函
貝笈之僻大抵富有不遵
詎可令此種學問歲月遥
征而光彩久韜不耀假我
十年集同志數十手衆共
成之貽

聖天子同文盛化良亦千
載一時而其如俟河之清
人壽苦短何哉雖然吾終
不謂如許奇祕浮九萬溟
渤而來而無百靈爲之呵
護使終湮滅獨竊悲諸誦

法孔子而問禮問官者之鮮失其所自有之天學而以爲此利氏西來之學也天啟癸亥季夏之吉鄭圃居士楊廷筠題

楊廷筠印

鄭圃居士

西學凡引

凡也者舉其槩也左丘明以凡翼經而西學以凡翼天言天非自西學始也程子曰儒者本天蓋宗古敬天畏天言之游楊呂三家親出程氏之門而已有徑庭之誤朱子辯之詳矣浸淫於速化絀學於提宗而格致一種學脈晦蝕幾盡不圖有逐本窮原若修實體而理析於繭絲牛毛散攝於踐形超性如艾氏所述西方之學者讀其凡其分有門其修有漸其詣有歸恍然悟吾儒格物原非汗漫

致知必不空疎而格致果蹟治平治平必肇端於
格致也然則聖人豈欺我而近儒超捷高妙之旨
果能試之有效而推之東海西海而準否耶昔左
氏不列學官漢下明詔諸博士或不肯置對今試
令廣譯西學傳播人世眞是眞非必瞭然心目第
恐創聞則駭耳食則疑未必肯虛心張眼而一一
切磋究之耳善乎李太僕之言云學者之病有四
淺學自參一也怠惰廢學二也黨所錮習三也惡
聞勝巳四也祛此四病而相與馳騁乎域外之觀

會通乎天人之際不負此生不虛此日茲於同志
者有深望矣或曰西學自漢晉之白馬馱來寥寥
四十二章不聞奇論迨今適出不飾說歟曰此身
毒之書非九萬里外歐邏巴之書也吾聞西國書
言大抵千里一譯距我中華雖心同理同而語言
文字別有天地夐不易知自利氏觀光三十年來
名公鉅儒相與投分研精夫非一人一日而所能
通譯者自實義畸人七克而外不過度數器用諸
書千百之一二非不欲譯不易譯豈當時蔡愔秦

景何人一往輒返乃能得其要領而況身毒距歐邏巴尚七萬里影響相傳有何確據嗣後文人佞佛增飾夸張幾與吾儒角立而吾儒顧且拾其餘瀋甚且入室操戈噫禮失則求之於野讀西學凡而學先格致教黜空虛吾亦取其有合于古聖之教而已矣未屑借資重譯而與彼佛較曲直也艾子西來有年言不妄發是學之傳則余友人袁子升聞力扣而請以華言譯之有至于加以句讀繫之圈點則余不佞亦竊有所矣于斯文興日者廣

致其書籍而書繙譯焉鼓吹休明小可比左氏一
經大則盡洗竺乾之悠謬竊所竊𥗤固不敢謂撫
緹摘槧世更無揚子雲也

東海許胥臣識

西學凡

西海耶穌會士艾儒略

極西諸國總名歐邏巴者隔於中華九萬里文字語言經傳書集自有本國聖賢所紀其科目考取雖國各有法小異大同要之盡於六科一為文科謂之勒鐸理加一為理科謂之斐錄所費亞一為醫科謂之默第濟納一為法科謂之勒義斯一為教科謂之加諾搦斯一為道科謂之陡祿日亞惟武不另設科小者亦取之材官智勇

大者取之世胄賢豪文科云何蓋語言止可覿面相接而文字則包古今接聖賢通意胎於遠方遺心産於後世故必先以文爲諸學之大路其文藝之學大都歸於四種一古賢名訓一各國史書一各種詩文一自撰文章議論又附有交接進退之規有拊奏之樂有合節之舞有書數之與讚經之詠此諸學各有一公堂習之自幼習之學者先於一堂試其文筆後於公所試其議論其議論之法大約必由五端一先觀物

觀事觀人觀時勢而習貫通理以相質所謂種種議論之資料是也二貴乎先後布置有序而不紊三以古語擷華潤色四將所成議論嫺習成誦默識心胸其人靈悟善記則有溫養之法其人善忘難記則有習記之法終至公所主試者之前誦說之或登高座與諸智者辯論爲善議論本欲破人之疑而發其志以善處其事不能通人之心感人之情無益也故言語之輕重疾徐以至容貌顧眄舉手瞬目皆有其法俾聽

之者愛惡悲喜言下即觸不徒浮言散於空中而已五者之中文以實理爲主以致於用決可見諸行事或衿紳偶有大事難決者或民習於陋業沉於邪俗者或當誦說聖賢之功德或當譏彈不肖之惡行或防國家之災而杜將來之亂者皆須有識能文之士立論匡扶衆前剖析使其事理調暢羣疑盡釋枉者伸詐者服凶頑者罪及以修道設教使弱者見易而立志狂者見難而加謹也文學已成即考取之使進於理

學

理學者義理之大學也人以義理超於萬物而爲萬物之靈格物窮理則於人全而於天近然物之理藏在物中如金在砂如玉在璞須淘之剖之以斐祿所費亞之學此斐祿所者立爲五家分有門類有支節大都學之專者則三四年可成初一年學落日加夫落日加者譯言明辯之道以立諸學之根基辯其是與非虛與實表與裏之諸法即法家教家必所借經者也總包六

大門類一門是落日加之諸豫論凡理學所用諸名目之解一門是萬物五公稱之論即萬物之宗類如生覺靈等物之本類如牛馬人等物之分類如牛馬人所以相分之理物類之所獨有如人能言馬能嘶鳥能啼犬能吠獅能吼等物類聽所有無物體自若如藝於人色於馬等一門是理有之論即不顯形于外而獨在人明悟中義理之有者一門是十宗論即天地間萬物十宗府一謂自立者如天地人物一謂依賴

者。不能自立。而有所賴焉。又成。自立獨有一宗。
依賴。則分而爲九。一爲幾何。如尺寸一十等。二
爲相接。如君臣父子等。三爲何狀。如黑白冷熱
甘苦等。四爲作爲。如化傷行言等。五爲抵受。如
被化受傷等。六爲何時。如晝夜年世等。七爲何
所。如鄉房廳位等。八爲體勢。如立坐伏側等。九
爲得用。如用袍裙。如得田池等。一門是辯學之
論。卽辯是非得失之諸確法。一門是知學之論。
卽論實知與臆度與差謬之分。此第一家也。

第二年專學費西加。爲斐祿所之第二家。費西加。譯言察性理之道。以剖判萬物之理。而爲之辯其本末。原其性情。由其當然。以究其所以然。依顯測隱。由後推前。其學更廣博矣。亦分有六大門類。其第一門。謂之開性學。又分爲八支。其一爲費西加之諸預論。其二總論物性。其三總論有形自立之物性。其四講物性之三原。其五總講變化之所成。其六總講物性之所以然。其七講依賴有形者。如運動作爲。抵受處所。幾何等。

各有本論。其八、總論天地與其有始無始否有盡無盡否。而此八大支論、各有本書具載。此爲闗性之學也。其第二門、則論有形而不朽者。如諸天之屬。三門論有形而能朽者。如人獸艸木等、與其生長完成死壞諸理。四門總論四元行本體、火氣水土、與其相結而成物。五門詳空中之變化、地中之變化、水中之變化。六門論有形而生活之物、分爲五支。其一、先總論生活之原、所謂魂者是也。次論生長之魂、與其諸能。次論

知覺之魂與其五官之用四識之職等次論靈明在身之魂與其明悟愛欲之諸理次論靈魂離身後之諸能何如而性命之理盡格物之學可造矣

第三年進斐祿所第三家之學所謂默達費西加者譯言察性以上之理也所謂費日加者止論物之有形此則總論諸有形幷及無形之宗理分為五大門類其一豫論此學與此學之界二總論萬物所有超形之理與其分合之理三總

論物之眞與美四總論物之理與性與體與其有之之由五論天神語若終論萬物之主與其爲獨一爲至純爲無盡爲無終始爲萬物之原等種種義理此皆因物而論究竟因變化之自然而究其自然之所以然此所論天主與天神特據人學之理論之尚未到陡祿日亞所按經典天學而論蓋彼又進一學也

第四年總理三年之學又加細論幾何之學與修齊治平之學幾何之學名曰馬得馬第加者譯

言察幾何之道則主乎審究形物之分限者也復取斐錄之所論天地萬物又進一番學問是第四家蓋斐錄本論其性情變化而焉得焉第加獨專究物形之度與數度其完者以為幾何大數其截者以為幾何衆然度數或脫物體而空論之則數者立算法家度者立量法家或二者在物體而偕其物論之則數者在音聲相濟為和立律呂家度者在動天轉運為時立曆法家此四家始分流別派矣此度與數所關最鉅

不但識各重天之厚薄遠近大小與其晝夜之長短節氣之分至啟閉年月之閏餘道里之圖徑地海之廣深而農以此知旱潦醫以此察運氣商以此計蓄散工以此詳堅脆無不資焉即如國家大事治水者而不審川原何由酌其聚洩用兵者而不諳器數何從運其方略故西方所尚雖不立此科取士若有精於此者便人人推轂而國王隆禮延之以為其學之師尊纜之矣故士人多相傳習自備測天之器天地之儀

筆筭之書測量之具以爲讀書玩好其于國家之事屢顯有大功用。

修齊治平之學名曰厄第加者譯言察於理之學復取斐錄之所論物情性理又加一番學問是第五家大約括于三事一察衆事之義理考諸德之根本觀萬行之情形使知所當從之善當避之惡所以修身也一論治家之道居室處衆資業孳育使知其所當取所當戒以齊家也一區別衆政之品節擇賢長民銓敘流品考覈政

事而使正者顯庸邪者迸棄所以治天下也而
身既修家既齊國既治平則人道庶幾備矣故
西土學者德業必求其精綱常倫理之詳日用
細微之節無一不求得其處置之宜總從知已
本性始以至知萬有知萬有卽知萬有之至尊
然後可以復其初反其本也既明於此又推廣
至尊之仁以及於物使各充其職而盡其分數
則學始大全矣

大斐錄之學何所起乎昔我西土古賢觀天地間

變化多奇雖已各著爲論開此斐錄之學繇多未免似是而非終未了決其後有一大賢名亞理斯多其識超卓其學淵深其才曠逸爲歷山大王之師歷山嘗云我爲天下王不足爲榮惟一得亞理斯多而師之以是爲榮耳此大賢裒集羣書多方參酌採取凡普天之下有一奇物不惜貲費以求得不辭勤勞以尋究必親爲探視而奇秘無一之不搜每物見其當然而必索其所以然因其旣明而益覓其所未明由顯入

微從粗及細排定物類之門極其廣肆一一鉤致而決定其說各據實理之堅確不破者以著不刊之典而凡屬人學所論性理無不曲暢旁通天學得此以為先導此在天主降生前所作至今二千餘年無人不宗服之而與陡祿日亞正相主輔自此大賢之後遞生聰明才智青出於藍及至天主降世又有衆聖迭興各於斐錄之學互相闡發而加之以天主超性之確理人學愈為透露也斐錄所費亞之學既畢則考取

之務爲四學。或學醫法。或學國法。或學教法。或學道法。

醫學。操外身生死之權。蓋人世所重。莫甚乎祛其所忌。所忌。莫甚乎害命之疾病。病之名無算也。而療病之神藥正方又無幾。故有垂死而得一神藥以復愈。有輕疾而投一妄劑以致殞。古諺云。賊心莫甚乎邪俗。賊身莫甚乎邪藥。又云。病之厲者。什死一二。醫之愚者。什死七八。西國不敢輕易此舉。必立國中講醫之庠。延博學高明之醫已曾留心斐錄者始令習醫之徒相從肄學詮釋古醫之遺經發明人性之本原辯外體百肢之殊內臟諸情之驗及萬病之所以然而因說其所用療治之藥大約六年之內博習醫經然後隨師日觀所診之脈所定之方所試之效而始令其得與考選也考非精熟領主司之命者不得擅醫人

法學操內外生死之權即國王治世之公典乃天命之聲也國家之筋也道德之甲也五倫之紐

也雅俗淆亂之斧也廢法度於世如廢日於天
而靈性之神與蠢然之軀殼無異矣儻以不經
專習公法之身兼國教治輕重一任其意何以
上合天理調萬事平萬邦耶夫君代天出政臣
又代君理民若此處剖分一一當即天主何須有
審判之事其任何甚重乎故必先自成一聖賢
之品而熟諳古典洞徹羣情既不因人吹噓而
出音聲又不憑所私暱而發喜怒全不借巳才
騁合爲得意亦不恃巳智摘發爲神明必至公

無刑可刑無訟可折方是臣承君命而君承天命也故西國從古恒立法律之庠以共講明決斷人事之本特請大臣老吏習慣斐錄之學者致其厚俸而聽其教亦六載爲期六載之末始應嚴試而取其剖斷精當可任國家之重者授之職事

教學操內心生死之權人莫良於心死而身死次之靈魂之體原屬不滅所謂內心生死者全以道德有無分生死也此等生死最大有道德者

則承天主之寵佑享常生之真福無道德者則
觸犯天主之威命致受身後之永殃故教學者
古來教皇所定教中之法度者也教皇親受天
主之託以代行其教而代教化王者職亦非輕
天下萬世之學術全係於一人所傳一差猶如
毒藥入心又如敗種焦芽終無活理故教皇之
道古來所定後來所從至真至正未有沿革之
分學此者德行純篤心地開明專奉教皇之法
使凡奉教之國同志而從更無彼此兩般歧路

蓋此學與陡祿日亞之學畧有所分彼細剖天教之義而無一不明此則處闡教之事而無一不決兩相羽翼如左右手故西土獨重此以守教皇之法其師比之醫師法師又大不同亦要數年傳習教理曾從學斐錄中來其理易入必凡事規條通達無礙圓應不窮而後考取焉中式則教主授以官爵所任職事皆奉自古教化王所定而行

所謂道學者西文曰陡祿日亞乃超生出死之學

總括人學之精加以天學之奧將古今經典與諸聖人微論立爲次第節節相因多方證析以明其道使天主教中義理無不立辯大破羣疑萬種異端無不自露其邪而自消滅萬民自然洗心以歸一也蓋文字雖精義理雖透度数人事雖明若不加以天學使人顯知萬有之始終人類之本向生死之大事如螢光於太陽萬不相及他學總爲無根不能滿適人心以得其當然之至善內外之眞福也故大西諸國雖分

習心諸學然而無不以陡祿日亞為極為大如
欲速成其學者講師分席旦暮更互闡發亦必
四年庶幾有成此種學問古來聖聖所闡其間
有一大聖名為多瑪斯著書甚博又取前聖之
言括為陡祿日亞略所言最明最簡最確而此
後學天學者悉皆稟仰不能更贊一辭今就略
中之略提之其為書分三大支第一支先論陡
祿日亞之學。次論天主之本體而論天主。則先
定其有次論天主之至一。至純至全至善至無

窮無變遷而無所不在無始無終而無時不有至靈無所不知至眞不容差謬自主自專至愛廣博至公森嚴無物不照覽而豫簡人類以授天福也次論天主雖爲至一其中則有三位一體而細詳其說次論天主造成天地萬物之功。其間凡論天神與其諸德諸能爲靈明之體通悅尚理備純德之性以敬事天主次論天神所守之福與彼倣神被罰之苦次論天主次第造成種種有形之物終論人類與其形靈性則

悖交欲自專與其初性之正一身之全福其後
獲罪犯命失其性之正而陷入諸苦次論天主
照護萬有而萬物無不服其命次論天神受命
主張有形之物而照引保護傳主命於人以拒
邪魔之害次論人物各傳其類以充滿世界也
其第二支論人之究竟歸向與人生前身後之真
福次論助人真福阻人真福者全係善惡次論
人十一情之偏正與各情之本向詳其已然詳
其所以然詳其調攝之法詳其善惡之得失次

詳諸德之分各德相比。次論四樞德與向主三德次詳諸德之所以然與諸德之中正其諸德必由天主默佑而成則論主之七恩與眞福八端斯彼利多三多之十二實效焉夫德惡相較而後見德之爲美也故次論罪過與其等第之相比內外罪之所從染。次論原罪與他諸罪。身前死後身神之害與其小過之害。然諸罪旣因逆命犯法而致則講其治法先講天主之法并諸人性當然之法。人立之法。教中古法。與諸誡下法新經之法與古相較而備論其所獨有者次論守法避罪由天主寵佑而致則論寵佑之體與其所以然及其諸效而終結之以諸德之功又詳論信望愛之德與智義勇節及其相關諸德相反諸罪。

其第三支叅前既論人之諸罪至是則論天主必宜降生救世論天主在世化衆靈跡及其受苦之故之效與其復生升天日後必來審判及罰七撒格辣孟多以赦人罪以加佑於修行之力

使人終享身後眞福次將升天諸神與地獄諸苦細詳之總之凡人所能想所能疑關係於教者莫不節節實詳其理使人了然透徹於事物之本末始終而快然去邪歸正也但其節次目錄自有四本包含三千六百題每一題各有辯反解答而大要畧具於此矣天學不得人學無以爲入門先資人學不得天學無以爲歸宿究竟所以從師必須二學貫串學乃有成學成而試分有三項或爲教化主所任以掌一方一國

之教或有既勤苦精究於已上諸學更求入聖會涵育以成純德修身不已雖文學自足聞達乃反辭尊位重祿不居離其父母骨肉豐貲厚蓄不享而甘居窮約苦其身心韲滅名迹以談道講學於萬國以報上帝之恩儻遇邪教異端不斬盡力闢之以扶正教即致命不顧焉其他古經新經浩繁廣衍所刊行於西土者不可枚舉而此六學之書集乃是生人入道之所必由何得託爲不立文字漫作空空之譚以自誤而

誤天下萬世哉

以上諸學自非帝王之冑莫能各覓私師。大都本國之王就各名城處所立公監延請衆多高師隆以厚俸而令諸生從焉。不但師受供俸。即諸有志願學而力不足者國王爲多設社院以資其學亦有富貴大臣捐資自立學舍供養諸賢以助學道者。至於醫學法學教學或年稍長。工夫不得次第舉行。亦有不全學斐錄而爲之。者。然必曾由此學而後三學乃有憑據。更爲精深若從陡祿日亞之學者則斷未有離斐錄而徑造焉者也旅人九萬里遠來願將以前諸論與同志繙以華言試假十數年之功當可次第譯出更將英年美質之士乘童心之未汩卽逐歲相因而習之始之以不空疎之見繼加循序遞進之功洞徹本原闡發自廣漸使東海西海羣聖之學一脈融通此眞

聖明御宇千載之一時梯航跋涉抱此耿衷而未知有當于芻採否也

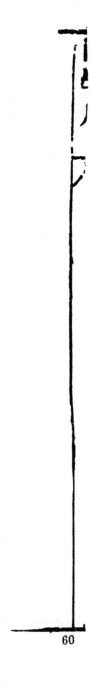

景教流行中國碑頌并序

大秦寺僧景淨述

粤若常然真寂。先先而无元。窅然靈虛。後後而妙有。揔玄樞而造化。妙衆聖以元尊者。其唯我三一妙身无元真主阿羅訶歟。判十字以定四方。鼓元風而生二氣。暗空易而天地開。日月運而晝夜作。匠成万物。然立初人。

別賜良和。令鎮化海。渾元之性。虛而不盈。素
蕩之心。本無希嗜。消乎婆彌施安。鈿飾純精。
開平大於此。是之中。隟冥同於彼非之內。是
以三百六十五種。眉隨結轍。覓織法羅。或指
物以託宗。或空有以淪二。或禱祀以邀福。或
伐善以矯人。智慮營營。恩情役役。茫然無得。
煎迫轉燒。積昧亡途。久迷休復。於是

我三一分身景尊弥施訶戢隱真威同人出
代神天宣慶室女誕聖於大秦景宿告祥波
斯覩耀以来貢圓廿四聖有說之舊法理家
國於大猷設　三一淨風無言之新教陶良
用於正信制八境之度鍊塵成真啓三常之
門開生滅死懸景日以破晴府魔妄於是乎
悉摧棹慈航以登明宮含靈於是乎既濟能

事斯畢亭午昇真經留廿七部張元化以發靈關法浴水風滌浮華而潔虛白印持十字融四照以合無拘擊木震仁惠之音東禮趣生榮之路存鬚所以有外行削頂所以無內情不畜臧獲均貴賤於人不聚貨財亦罄遺於我齋以伏識而成戒以靜慎為固七時禮讚大庇存亡七日一薦洗心反素真常之道

妙而難名。功用昭彰。強稱景教。惟道非聖不
弘。聖非道不大。道聖符契。天下文明。太宗文
皇帝光華啟運。明聖臨人。大秦國有上德曰
阿羅本。占青雲而載真經。望風律以馳艱險。
貞觀九祀。至於長安。帝使宰臣房公玄齡。摠
仗西郊。賓迎入內。翻經書殿。問道禁闈。深知
正真。特令傳授。貞觀十有二年秋七月。詔曰

道無常名。聖無常體。隨方設教。密濟羣生。大
秦國大德阿羅本。遠將經像。來獻上京。詳其
教旨。玄妙無為。觀其元宗。生成立要。詞無繁
說。理有忘筌。濟物利人。宜行天下。所司即於
京義寧坊。造大秦寺一所。度僧廿一人。宗周
德喪。青駕西昇。巨唐道光。景風東扇。旋令有
司。將帝寫真。轉模寺壁。天姿汎彩。英朗景門。

聖迹騰祥永輝法界案西域圖記及漢魏史
策大秦國南統珊瑚之海北極衆寶之山西
望仙境花林東接長風弱水其土出火綄布
返魂香明月珠夜光璧俗無寇盜人有樂康
法非景不行主非德不立土宇廣闊文物昌
明高宗大帝克恭纘祖潤色眞宗而於諸州
各置景寺仍崇阿羅本爲鎮國大法主法流

十道國富元休寺滿百城家殷景福聖曆年
釋子用壯騰口於東周先天末下士大笑訕
謗於西鎬有若僧首羅含大德及烈並金方
貴緒物外高僧共振玄綱俱維絕紐玄宗至
道皇帝令寧國等五王親臨福宇建立壇場
法棟暫橈而更崇道石時傾而復正天寶初
令大將軍高力士送五聖寫真寺内安置賜

絹百疋奉慶睿圖龍髯雖遠弓劍可攀日角
舒光天顏咫尺三載大秦國有僧佶和瞻星
向化望日朝尊詔僧羅含僧普論等一七人
與大德佶和於興慶宮修功德於是天題寺
牓額戴龍書寶裝璀翠灼爍丹霞睿扎宏空
騰凌激日寵賚比南山峻極沛澤與東海齊
深道無不可所可可名聖無不作所作可述

肅宗文明皇帝於靈武等五郡重立景寺元
善資而福祚開大慶臨而皇業建代宗文武
皇帝恢張聖運從事無爲每於降誕之辰錫
天香以告成功頒御饌以光景衆且乾以美
利故能廣生聖以體元故能亭毒我建中聖
神文武皇帝披八政以黜陟幽明闡九疇以
惟新景命化通玄理祝無愧心至於方大而

虛。專靜而恕。廣慈救眾苦。善貸被羣生者。我
修行之大猷。汲引之階漸也。若使風雨時。天
下靜。人能理。物能清。存能昌。歿能樂。念生嚮
應。情發自誠者。我景力能事之功用也。大施
主金紫光祿大夫同朔方節度副使試殿中
監賜紫袈裟僧伊斯。和而好惠。聞道勤行。遠
自王舍之城。聿來中夏。術高三代。藝傳十全。

始効節於丹庭乃榮名於王帳中書令汾陽
郡王郭公子儀初揔戎於朔方也肅宗俾之
從邁雖見親於卧内不自異於行間爲公爪
牙作軍耳目能散禄賜不積於家獻臨恩之
頒黎布辞餼之金𠔑或仍其舊寺或重廣法
堂崇飾廊宇如翬斯飛更効景門依仁施利
每歲集四寺僧徒虔事精供僃諸五旬饍者

來而飯之寒者來而衣之病者療而起之死
者葬而安之清節達娑未聞斯美白衣景士
今見其人願刻洪碑以揚休烈詞曰
真主无元湛寂常然權輿匠化起地立天分
身出代救度無邊日昇暗滅咸證真玄赫赫
文皇道冠前王乘時撥亂乾廓坤張明明景
教言歸我唐翻經建寺存歿舟航百福偕作

萬邦之康。高宗纘祖。更築精宇。和宮敞朗。遍滿中土。眞道宣明。式封法主。人有樂康。物無灾苦。玄宗啓聖。克修眞正。御牓揚輝。天書蔚映。皇圖璀璨。率土高敬。庶績咸熙。人賴其慶。肅宗來復。天威引駕。聖日舒晶。祥風掃夜。祚歸皇室。祅氛永謝。止沸定塵。造我區夏。代宗孝義。德合天地。開貸生成。物資美利。香以報

功仁以作施暘谷来威月窟畢萃建中統極
聿修明德武肅四溟文清萬域燭臨人隱鏡
觀物色六合昭蘇百蠻取則道惟廣兮應惟
密彊名言兮演三一主能作兮臣能述建豐
碑兮頌元吉
大唐建中二年歲在作噩太蔟月七日大耀
森文日建立　時法主僧寧恕知東方之景

衆也

朝議郎前行台州司士參軍呂秀巖書

習是齋藏版

讀景教碑書後

廬居靈竺間岐陽同志張賡虞惠寄唐碑一幅曰邇者長安中掘地所得名曰景教流行中國頌此教未之前聞其即利西泰氏所傳天學乎余讀之良然所云先先無元

後後妙有開天地匠萬物立初人
衆聖元尊眞主非
天主上帝疇能當此其云三一妙
身即三位一體也其云三一分身
即費略降誕也其云同人出代云
室女誕聖於大秦即以 天主性

接人性胎於如德亞國室女瑪利
亞而生也景宿告祥異星見也覩
耀來貢三君朝也神天宣慶天神
降也亭年昇眞則救世傳教功行
完而目申上昇也至於法浴之水
十字之持七時禮譜一日一薦悉

與利氏西來傳述規呈脗合而今
云陡斯碑云阿羅訶今云大傲魔
碑云娑殫則皆如德亞國古經語
不曰如德亞而曰大秦考唐書拂
菻國一名大秦西去中國四萬里
又考西洋圖誌如德亞纖東一道

其名曰秦道里約略相同阿羅本
輩殆從此邦來者故以大秦稱云
其至長安也以貞觀九年上遡耶
穌降生近六百禩是時宗徒傳教
殆徧西土大唐德威遠暨應有經
像重譯而來爾乃寧不郊迎翻經

內殿爲造大秦寺於寧坊命名
景教景者大也炤也光明也大帝
時又勑諸州各置景寺崇奉之至
顯與儒釋玄三教共峙寰宇非特
柔懷異域昭王會一統之盛而已
者聖曆則武氏宣淫先天則太平

亂政貞衷既相挻迕水火應必煎
烹用壯相傾理同盜憎禍來無鄉
蓋千古有同嘅焉羅含及烈重振
斯文佶和再來渙頒虙劉玄肅代
德四朝寵賚彌渥汾陽重廣法堂
依仁施利修舉衷矜　　岊遂勤此

碑以紀歲月其頌中ノ述唐德亦
具景教大指所稱賜良和懸景日
明著肇我人類以及補續救世之
恩而貞觀所譯竝所留二十七部
經文即今貝葉藏中或尚有可檢
者所疑天學儒行曷以僧名則緣

彼國無分道俗男子皆髡華人強
指爲僧渠輩無能自異云爾即利
氏之初入五羊也亦復數年混跡
後遇瞿太素氏乃辨非僧然後蓄
髮稱儒觀光上國我
神祖禮隆柔遠賜館　年於時文

武大臣有能繼房郭之芳踪演正
眞之絕緒者乎七千部奧義宏辭
梯航嗣集開局演譯良足以增輝
冊府軼古昭來其如道不虛行故
迄今尚有所待三十餘載以來我
中土士紳習見習聞於西賢之道

行誰不歎異而敬禮之然而疑信
相參詫爲新說者亦繁有焉詎知
九百九十年前此教流行已久雖
世代之廢興不一乃
帝天之景命無渝是佑諸賢闡
無阻更留貞石忽效　靈所繇仁

覆闕下不忍令魔錮主封天路終閼故多年閟奇厚土似俟明時今茲煥啓人文用章古教而後乃知克己昭事以無俾忝生而恒死此學自昔有聞唐天子尚知莊事而況我

聖朝重熙累洽河清璽出儀鳳呈
祥之日哉碑文贍雅可味字體亦
遒媚不俗世不乏欣賞者要於逐
而證之六經諸所言帝言天是何
學術質諸往聖曩所聞官問禮何
隔華夷即如西賢九萬里外繼踵

遠來何以捐軀衛道九死不悔者古今一轍而我輩不出戶庭坐闈正眞學脉得了生死大事不可謂全無福緣者何以尚生疑阻悖吾孔孟知天事天之訓而不慙且驚夫且借碑作砭明察細駁即欲不

袪俗歸眞祈嚮於一尊而不可得

不然者無論詭正殉魔自斲生理

政恐蜉蝣生死相尋共作僇民迴

望房梁公郭汾陽王已爲絕德而

況其進焉者乎

天啓五年歲在旃蒙　躔

參初度涼菴居士盥

識

冷石生演畸人十規

十規西國之微言也或曰細蘊或曰顯道或曰臆之或曰公之或曰事天交友茲其濫觴

人不可以無年可以無年耿年耿滿人可以無歲不可以無歲多歲多悲日隱天夜念息人夜屑越戲娛默行會化歲與年契年與歲偕來者誰牽逝者誰留智者知月大智愛年不祥空亡贈心嗜慾惟勤心活惟虛氣聚冥去冥來照格天主

萬鎰行估自金僦屋句子噭號一錢信術息氣
接睫僦焉趣同不如歸家務我儞農人之處世
亦復然然棄家馳逐夫何有焉失或寒氷獲斯
火熾仰攤大圓爾可何事溺貪貪利清貪貪名
清其如蚓濁其如駝西國先進黑蠟德收黑蠟
恒笑德牧恒哭笑噘失心哭傷喪性一念沉淪
比諸破鏡墜恐順受梭濟化瞋天主降鑒脫之
苦辛
爾緣何息云胡不生爾依何來云胡不死死匪

可諱死乃得止胡齒斯促而欲斯長胡生斯繁
而歸斯駃恩矣思矣不如退而脩行徐俟其所
下士生不如死死不如生至人生如其生死如
其死惟其能生是以能死非仙非佛不怖不恃
法雅哥殿閤黑入多既覲天主不廢嘯歌
殀壽不貳朝聞夕死傳茲靈心曰術曰俟旦晝
所行寧無嗔乎生生所營死無罹乎永天胡婦
爲焰熄乎南海黎渦淇衍式乎當境泣赫誰勝
觧乎身後虛名可留榮乎施勞代畬驕且吝乎

郎光號存櫃以爭平馴絲五倫用守三和如實
經天如水隨波數龐皇皇數消靡靡存順沒寧
天主用賑

四時不行萬物不生雖稱玄默了無一成惟其
無言行生相禪終日風雷寂寂莫見載寒其錄
截捫其舌不言躬行何騰虛說嬪格刺得邪伴
責殘有口如人栽截罕欽惟天主守舌寡尤
罪辭匪夢跛妖可羞

不戒殺不窮味苦不厭茶甘不獸葬饑渴害心

饜飫損氣清虛日來渣滓日棄先正曰人莫不
飲食也鮮能知味也吾齡之以玄酒調之以太
羹奏而薦之天上天上齋濟治官復寧督於齋
遠於豐中土治身上土治神中土治氣上土治
心省是良藥為是夔老夜夜朝朝心口相語繹
火燒灼是炭艾動自訟自悲再犯再病省是良
藥懶是良方珍重一爲何用不識得當農夫兵
礫去草苗無種秕莠稗翳好禾苗僕人不傳不
醯苟爲坐糜不如井杵纖惡必除微疵當補天

主鑒之錫以福祉
鳥生以飛人生以勞勞者息以死飛者息以巢
情所歡喜中藏煩惱世人不知遂心是好情所
勞頓中藏鼓舞世人不知勞形是苦苦者不苦
不苦者苦豈惡一逸易茲百苦爲舍亦若去惡
亦苦受苦一生却能離苦天路甚樂天門甚卑
天時甚長天堂甚低地下有獄一入不出向時
魄淪變爲獸彼浮屠氏竊其近似說爲輪廻
受人心志惟樂最苦不苦不樂天主召之駐茲

廖霏

人以死生忠得患失一引其心皇惑成疾或說吾行或說風水一中宮吉長死不正詐騙小數請婪邪魔我生有為我死無他善種種心惡罹種語黜陟分別天主所主

世間作業人莫如守財虜剖身以藏珠朝夕專歛聚纖利竭羊羔𩔈粟埋金瘞不肯賙窮之但知敬商賈疲精如馬牛心計歸狐鼠些利類蟣蝨驕癡類虓虎嗚呼氣盡時持何見天主會者

士之常音者福之府兩路分人須智者自識取
多少聰明漢惺惺檢緣纏

刻畸人十篇

西泰子浮槎九萬里而來所歷沉沙狂飆與夫啖人略人之國不知幾許而不菑不害殆〻求友酬應頗繁一介不取又不殆之絕始不肯以爲異人已覩其不婚不宦寡言飭行日惟是潛心修德以昭事上帝以爲是獨行人也復徐叩〻其擇識

崇正闢邪居恒手不釋卷經目輒逆順
誦精及性命博及象緯輿地旁及句股
算術有中國儒先累世發明未晰者而業
倒囊若數一二則以為博聞有道術之人逮
今近十年所而習之益深所稱妄言妄行
妄念之戒消融都淨而所修和天和人和
己之德純粹以精意期善世而拯緒

睟語無擊排不知者莫測其倪而知者相悅以解間商以事往往如其言則當不如其言則悔而後識其爲至人也至人得於天不異於人乃西泰子近所著書十篇與天主實義相輔行世者顧自命曰畸人其言關切人道大約澹泊以明志行法以俟命謹言苦志以禔身絕欲廣愛以通乎天載雖強半先

聖賢所已言而發喻博譬之人讀之而
迷者豁貪者醒傲者愧妬者平悍者悌
至於常念死候引善坊惡以祈宥於帝
天一唱三歎尤為破世至論何畸之與有
蓋嘗悲夫死之必於不免且不能以遲
速料也上帝之臨汝而無爾貳也獲罪
于天之莫禱也惡人齋戒之可以事帝

也童而習之智愚共識然而迷失本原怠忽秪事年富力強而名志迅奮鐘鳴漏盡而老諱改圖者衆也非禪去以閻生即後佛為超死之可超生乎閻世有是其人心之病愈劇而救心之藥弗得不瞑眩瞑眩適乎德猶是膏粱之適乎口也有知十篇之於德適也不畸也

萬曆戊申歲日在箕虎林李之藻盥手謹序

重刻畸人十篇引

余遊於利先生習其人蓋庶乎古所稱至人也而名其與諸公問荅之語曰畸人余讀之求所爲畸人者何在其大者在不怖死其不怖死何也信以天也至其自信以天又非矯誣於冥冥也曰天所佑者善耳吾善之斷有善焉吾善細斷大善焉咨之念念刻刻用以克厭天心者未食天報而去來之際自無弗灑然也夫世之芒於死生者瞀悶若說有不駭以爲吊詭者耶即

謂之畸人宜也抑余考載籍所稱天主天堂地獄諸論二氏書多有之然其言若何漢儒栖莫執而西庠之傳不然其指玄其功實本天之宗與吾聖學為近第聖學言現在不言未來故曰未知生焉知死蓋藏隱於顯見民於神也至其獨參獨證而指點於朝聞夕死之可則所謂性與天道中人不可得聞矣乃彼中獨傳曹習終日言而不離乎是何也大抵吾儒之學主於責成賢哲以故御天之聖首出庶物而立命之策

亦無貳於殀壽之數彼百姓特日用不知耳而西庠之學兼於化誨凡愚是以其教之行能使家喻户曉人人修事天之節而不及祭賛一截事此則同而不同者也雖然吾華論說耶吉者不少矣利害得失臨之而能不動者幾人况生死乎竟向習焉自若而莫知體勘者衆耳今試取玆篇讀之耳目一新神理畢現直指處何籍拂醒反覆處何結弗破不令人爽然自失而竦然若上帝之臨汝耶則玆刻之禆世道非小也

客有問於余曰如子言西學其遂大行於吾土耶應之曰是未可知也乃余嘗讀墨子天志諸篇矣其道在尊天事鬼兼利天下而不蓄私每篇之中於天意三致意焉雖出於道家多附會較畸人十篇精麤殊科然大指可覩矣夫墨子者固周漢間與孔氏並稱者也吾以知茲刻之行於華與天壤並矣客曰然遂併書之以復於利先生云

句吳周炳謨書

題畸人十篇小引

太仲子因徐子而見利子利子者大西國人也多聞寡言持其國二十經者甚力閒以語聽者不鮮利子乃爲天主實義以著其凡能聽者解矣利子乃爲畸人十篇以析其義太仲子終其業而深嘆利子之異也西國去中州十萬里有天有地而不能相通通之自利子始利子經閱都以百數獨喜中州其航海也較能獵鬼之區諸啖膾人類者不少利子從枕席升危上過之

去身毒爲最近獨深闢其教所習篤崇尊重倫事天語往往不詭于堯舜周孔大指每過一國都輒習其國都入中州即習其語言文字經史聲韻之詳不少乖盭且不難變其俗而從中州冠履之便爲利子者有八難世俗所服爲詭難遠能杜慾者不與焉木仲子終其報而深嘆利子之異也噫世無二理人無二心事無二所仰無二天天無二主謂利子之異爲吾人之常經不可乎邵若仲子所演十規本仲子之心也洲

子之心也人人之心也亦天主之心也即世無利子利子之道罔行矣彼顯處視月牖中窺日存乎其人何與利子請不以世代之古今道路之遠近幽明之隔閡障之

渤海王家植木仲識

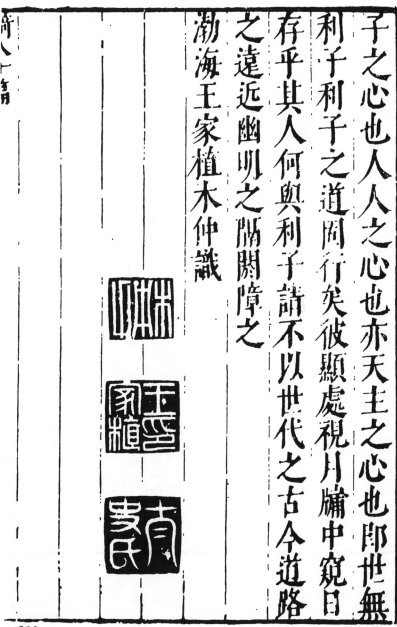

或問時人之言天堂地獄也於傳有諸曰夫之誑也雖然其說辯矣顏貧夭跖富壽令不天堂不地獄也而可哉夫德愛命愛命而德施彌溥報以蒼梧伐木削跡之身兩楹奠而素王終郎血食萬世浪得身後榮聖人不起而享也報在子孫乎丹朱傲外丙仲壬殤伯邑考醢奚報焉惟是衍聖之爵悠世顧易世而子孫之面目名號賢愚悉不可認以代聖人受賞此足以淨聖人乎不天堂又不可也或曰秦馘酷而其義不

存是一說也頗西泰子所稱引經傳非一固可
繹也然則與瞿曇氏奚異而云儒只彼所爲實
玉大吾之竊西泰子別有辯也經術所未將理
所必有拘儒疑焉令瞿曇氏竊焉又支誕其說
以惑世而西泰子千身入中國奪而歸之正儒
以佐殘闕而振聾憒不顧翳翳者之疑且訓其
論必傳不朽其原則渺非常是以自謂畸人

凉庵居士識

重刻畸人十篇卷上

利瑪竇述
後學汪汝淳校梓

人壽既過誤猶爲有第一

李太宰問余之年余時將造艾則答曰已無五旬矣太宰曰意貴教以有爲無耶余曰否也是年數者往矣實不識今何在故不敢云今有焉太宰疑之余繼而曰有人于此獲粟五十斛得金五十鎰藏之在其廩若橐中則可出而用之資給任意斯謂之有已已空廩橐費之猶有乎夫年以月月以日累結之吾生

世一日日輪既入地則年與月與吾壽悉減一日也
月至晦年至冬亦如是吾斯無日無年焉身日長而
命日消矣年歲已過云有謬耶云無謬耶太宰惺余
先答之意大悅曰然歲既逝誠不可謂有與余又曰
苟有人焉獲金幾許鎰粟幾許斛用之易布帛什器
以自養養老慈幼無卽無矣猶可爲有焉若呼盧擲
去之或委諸壑或與之非其人也是無爲眞無矣惜
乎寶已往之年於國治無功於家政無營於身德無
修是年時已用徒用也則今無而誠無之矣今我僞
云猶有乎太宰曰噫子何言之謙也以爲徒過光陰

無所事事無前壽矣世有不肖子從少臻耋傲天耳害人耳汚巳耳天大慈更益之以壽望其改行而彼反用之增愆也迨身將斃則年數與惡積等焉殆哉子言之其壽有乎無乎余曰不如未生矣旣而太宰易簀于堂見其諸戚述前問答語曰夫西庠實學大獲裨於行汝儕當繹之勿忘矣嗚呼時之性永流而不可留止焉巳往年不爲有矧未之來與余故爲日晷箴曰時之往者巳去而不可追時之來者未至而不可迎時者何在惟目下過隙白駒可修可爲藉如用此以作無益則有益者待何時乎凡物之失以力

可追復以勤可裨補惟時者否也今日一去來日益
多今日益遠矣胡能復廻乎來日之日力僅足來日
之事爲耳胡有餘以補今日之失乎春已至農不得
補冬之失時老已至人不得補少年之失時也故無
時可　徒費焉夫物之爲我有而便于用者無如吾
之年年者與我同生同死無人能强脫之無時不我
隨無處不我左右矣智者知日也知日之爲大寶矣
一日一辰猶不忍空棄也昔日吾鄉年有一士常默
思對越天主務以行事仰合其旨不得爲俗事所脫
一日値事急茫然一辰忘而勿思既而猛省卽悔歎

日嗟嗟盡一辰弗念天主如禽獸焉茲士一辰不思道咤巳爲禽獸有人終日無是念期年忘之奚不啻巳爲草木土石乎哉至人者雖寸景是寶而恒覺日如短焉愚人無所用心則覓戲玩以遣日我日不暇給猶將滅事以就日也暇嬉游哉實心務道者視巳如行旅懷珍貝走曠野俄日暮昏黑而不識路又不知安宿處遠耶近耶是時可緩行乎可不戒心勤愼乎夫日本無不祥無空亡凡有日不聊用募汝過不聊用長汝德即此日也可謂日之不祥日之空亡耳常人爲財有急用恒自惜財君子爲日有正用恒自

惜日嗚呼世人孰有重視時孰不輕一日容易棄擲焉而烏知一日之功吾可致無盡善可免無量愆鄙哉蜘蛛之爲蟲也終身巧織張細罟羅蚊䖟而數爲風所散壞也人有終生務淺微事而猶不得遂何異此乎

夫世事世物吾不可卻亦不可留故賢者借心焉不肖者贈心焉借者暫寄贈即非吾有矣吁世之人何大悞也晨夕亟于俗情若論及道德檢心修行事便曰不急也不輕也第吾不暇耳處不急不輕則暇迄爲急且重者即曰不暇非猖狂哉人縱有甚急事未嘗不日日卻冗再三食

也未聞曰不峨矣以養身必却冗于事隙如此其勤焉以養心不能乎爲養心德求汝却冗於事隙亦足靦赧甚矣矧求而不得之與痛哉痛哉

人於今世惟僑寓耳第二

馮大宗伯問余曰吾觀天地萬物之間惟人最貴非鳥獸比故謂人參天地然吾復察鳥獸其情較人反爲自適何者其方生也忻忻自能行動就其所養避其所傷身具毛羽爪甲不俟衣履不待稼穡無倉廩之積藏無供爨之工器隨食可以育生隨便可以休息嬉遊大造而常有餘閒其間豈有彼我貧富尊卑之殊豈有可否先後功名之慮操其心哉熙熙逐逐日從其所欲爾矣人之生也母先痛苦赤身出胎開口便哭似已自知生世之難初生而弱步不能移三

春之後方免懷抱壯則各有所後無不苦勞農夫四時反土于畝畝客旅經年徧度于山海百工無時不勤動手足士人晝夜劇神殫思焉所謂君子勞心小人勞力者也五旬之壽五旬之苦至如一身疾病何啻百端嘗觀醫家之書一日之病三百餘名況著此全體又可勝計乎其治病之藥大都苦口即宇宙之間不論大小蟲命雖其殘其往爲人害如相盟詛不過一寸之蟲足殘七尺之軀人類之中又有相害作爲凶器斷人手足截人肢體非命之死多是人戕今人猶嫌之武不利則更謀新者展轉益烈甚至盈野

盈城殺伐不已縱遇太平之世何家成全無缺有財
貨而無子孫有子孫而無才能有才能而身無安逸
有安逸而無權勢則每自謂醜極大喜樂而爲小
不幸所泯蓋屢有之終身多愁終爲大愁所承結以
至于死身入土中莫之能逃故古賢有戒其子者曰
爾勿欺巳爾勿昧心人所競徃惟于墳墓吾曹非生
是乃常死入世始起死曰死死則了畢巳月逝一日吾
少一日近墓一步常畏所不得避患何時安乎大世只訴其外苦耳其內苦誰能
當之凡世界之苦辛爲眞苦辛其快樂爲僞快樂其
勞煩爲常事其娛樂爲有數一日之患十載訴不盡

則一生之憂事豈一生所能盡述乎人心在此爲愛惡忿懼四情所伐譬樹在高山爲四方之風所鼓胡時得靜或溺酒色或惑功名或迷財貨各爲己欲所牽誰有安本分而不求外者雖與之四海之廣兆民之衆不止足也愚矣然則人之道人猶未曉況于他道而既從孔氏復由老氏又從釋氏而折斷天下之心于三道也乎又有好事者別立門戶載以新說不久而三教之岐必至于三千教而不止矣雖自曰正道正道而天下之道日益乖亂上者陵下下者侮上父暴子逆君臣相忌兄弟相賊夫婦相離朋友相欺

滿世皆詐諂誆誕而無復真心嗚呼誠視世民如大海中遇風濤舟船壞溺而其人蕩漾波心沉浮海角且各急于已難莫肯相顧或執碎板或乘朽篷或持敗籠隨手所值急摟不捨而相繼以死良可惜也不知天主何故生人于此患難之處則其愛人反似不如禽獸焉余答之曰世上有如此患難而吾癡心猶戀愛之不能割使有寧泰何如耶世態若此至如此極而世人昏愚欲于是爲大業闢田地圖名聲禱長壽謀子孫纂弒攻併無所不爲豈不殆哉古西國有二聞賢一名黑蠟頡一名德牧黑蠟頡笑德牧恒哭

嘗見世人之逐虛物也笑因譏之哭因憐之耳又聞近古一國之禮不知今尚存否凡有產子者親友共至其門哭而弔之爲其人之生于苦勞世也凡有死者至其門作樂賀之爲其人之去勞苦世也則又以生爲凶以死爲吉焉夫夫也太甚矣然而可謂達見世之情者也見世者非人世也禽獸之本處所也所以于是反自得有餘也人之在世不過暫次寄居也所以于是不寧不足也請以儒喻夫大比選試是日士子似勞徒隸似逸有司豈厚徒隸而薄士子乎蓋不越一日之事而以定厥才品耳試畢則尊自尊卑

自卑也吾觀天主亦置人于本世以試其心而定德
行之等也故見世者吾所僑寓非長久居也吾本家
室不在今世在後世不在人在天當于彼創本業焉
今世也禽獸之世也故鳥獸各類之像俯向于地人
爲天民則昂首向順于天以今世爲本處所者是欲
與禽獸同群也以天主爲薄於人固無怪耳天主所
悲憫于人者以人之心全在于地以是爲鄉惟泥于
今世卑事而不知慕望天原鄉及身後高上事是以
增置荼毒於此世界欲拯拔之焉且天主初立此世
界俾天下萬物或養生或利用皆以供事樂我輩而

吾類原無苦辛焉自我輩元祖先忤逆上帝其後
來子孫又效之物始亦忤逆我而萬苦發則夫多苦
非天主初意乃我自招之耳大宗伯聞畢嘆曰噫嘻
此論明於中國萬疑解釋無復有咎天之說天何咎
乎夫前聖後賢凡行道救世者其一生所作莫非苦
辛焉設造物者令成道人身後與草木並朽而無有
備樂地使之永常安享則其所歷苦辛造物竟無
以酧之豈不使世人平生疑惑乎哉且高論所云無
非引悉人于實德沮人欲不徇虛浮堅意以忍受苦
辛不令處窮而濫強志以歸本分別尊類於醜彙皆

眞諭也從是日大宗伯大有志於天主正道屢求吾所譯聖教要誡命速譯其餘又數上疏排空幻之說期復事上帝之學於中國諸庠嗚呼傷哉大宗伯大志將遂忽感疾而卒遂孤余之所望也嗚呼嗣而後大都之中有續成其美意者歟余日望之

常念死候利行爲祥第三

余問于徐太史曰中國士庶皆忌死候則談而諱嫌之何意答曰屑已也昧已也智者獨否焉子之邦何如余曰夫死候也諸嚴之至嚴者生之末畫人之終界自可畏矣但敝邑之志于學者恒懼死至吾所吾不設備故常思念其候常講習討論之先其未至豫爲處置迨至而安受之矣人有生死兩端以行世如天行南北二極以旋繞於宇內吾不可忘焉生死之主不使人知命終之日蓋欲其日日備也有備則無損矣聖經曰守矣夫將來如偷者偷者闖至莫慮耳

是以凡聞訃音驚曰其疑乎曰其疑乎誠不意其死矣聖教中凡稱神稱聖者無不刻刻陳死候目對心惟以爲沮惡振善之上範也徐子曰如是急乎余曰生人所明莫明乎死之定所不明莫不明乎死之期不論王公賤僕盡人之子誰不有一日焉或旦不及暮或暮不及旦乎誰居甲能保乙乎汝不知死候候汝于何處汝當處處候彼可耳故[illegible]何掛[illegible]慮[illegible]世也世之[illegible]相天主祕死候若遠焉抑汝知此身恒被死耶吾今已死大半耶既往之年皆已爲死將去耶旅人航海宿舶中坐立臥食如停不行焉而其身晝夜遷移曾無止息且不問汝

彼不欲倏就岸而須登矣二船相值其間各以彼岸行動以己爲住止而實則俱行矣世人或謬云吾人今日如是詰朝亦如是而吾生實汲汲趨沒無停也雖謬云彼有疾且死我安且生而彼我息息並趨終也有以勻勻盡箭水將謂末一勻乃竭盡之乎非也自初至末每勻竭盡之矣夫人命亦謂卒日爲終而實日日終之矣夫吾此生命也非如西江之水也江水有源下流洩之上流增之則江永存不涸也生人者如燭耳恒自消化誰益之膏油乎故漸至盡滅矣人少而冀長長而冀壯皆冀死也已壯之後隨老

老之後隨死矣誰欲行路而不欲至其域乎是以總總著生吾未識死人寓此世界中活耶抑活人寓此世界中死耶未定也徐子曰子之玄語皆實今世俗之見謂我念念言言行行悉向善卽善矣如念死候之不祥便目爲凶心凶口爲是故諱之余曰不然施我吉祥卽爲吉祥施我凶孽卽爲凶孽其死候一念能諭我引我釋惡而執善則世之祥孰祥乎是耶彼言域而實言至域之道矣欲至其域先由其途也惟途難爲乎不聞爲善如溯流行舟乎有常念死候之迤而不得逸心于縱恣者焉況以是懼凶心凶言

諱言之豈非長惡之門歟凡不肖從欲者樂由忘死之近而自許壽修之僥倖耳若爲善者自下壽不如自許夭矣苓生之生宇內如矢如鳥速飛[illegible]逝迹如景如夢無體可持也而人於此營大業如永久居焉哀哉南方有國名黒入多古法未造墳墓不得製室屋其俗居室陋隘而墳絶廣人謂居室次寓數年之暫吾常居者獨墳耳故以此爲急崇飾之也敝鄉昔年有隱士曰雅哥般棄家游世一切捐舍人目爲清狂有所知買得四鷄囑令携歸家雅哥般許之徑持去其人還家問則無有謂雅哥般誑已也他日遇諸

途號而問之曰向托汝鷄安在乎曰汝命歸汝家安在乎其人訝之引與偕行至其人生壙中則四鷄在焉其人愈益訝曰吾托汝携歸家胡置之塚乎曰彼汝竊此汝家也嗟乎雖哥般胡狂其爲此以警我曹不其深歟大造物者造人貴絕萬類但其壽不及樹木與禽獸者何意乎今之人壽短乎古造物者惜憐之耳乎不見世俗降俗愈下乎父之世不如祖生我世不如親及而我以後漸轉之於益下以有孫也人增咎天增罰不善之報矣然則人之生世亦終身煩冤耳徒得生之名[illegible]俱來與苦俱去也百年之

可非是度生是度苦海也則死豈非行盡苦海將屆
岸乎苟歲月久長豈非逆風阻我家歸乎嗚呼世人
以命之約者省苦也滅咎也則死非凶凶之終竟耳
似不爲刑罰刑罰之根耳君子明知天主借我此世
以僑寓非以長居則以天下爲僑寓不以爲家吾常生
別有樂地爲我常家焉且本生之壽縱長久比之常
生不滅其爲短也可勝言哉與地總志比泥羅河之
濱有鳥焉日出而生日入而死則其壽盛乃一晝耳
必夫在卯爲嬰偶死爲殤矣以辰巳爲幼爲壯能見
日中爲至艾須白以未爲老而幸得至申酉爲耄耋

耄矣豈異吾於百歲之後置是節乎是以志乎常生者凡有終之生咸爲須臾特此須臾端倪爲吾身後全吉大凶之所繫係故不可不愼焉凡所望于壽修者冀以了畢是生之事耳智者未至死而生之事已完矣若不肖者巳死而未嘗始生也凡眞實急切之行俱待明日矣不知從明日者必不能得之焉已至明日明日非明日乃今日也明日已往矣誠如翻車水筒先後比次次筒裁上則前筒巳傾矣席上設肴肴饌百器而曰中有一器蠱也食必死則此百器者吾全不甘嘗之矣吾數日之命明知必有一日帶死

而不知何日則我宜一一疑而不迷於其樂夫人命
非獨短淺而已短淺之中尤無定期矣何日不聞某
暴病死乎某被壓被溺被焚死乎某行市偶飛瓦中
首刖風死乎某出門偶蹶輒偃僵不起乎某腹痛誤
飲湯一杯死乎某夜新娶詰朝已亡乎塵埃易散琉
璃易碎猶不足喻人命之危脆也吾命無一日之定
而世人圖多年之謀若持在其手焉從而分定其事
如製衣者然買布十丈而分置之以若干爲衣若干爲
裳愚也哉嗚呼排恃年之茂身之強矣所見死于往
從幼者多乎老者彊者多乎弱者也子入陶肆閱諸

器小大厚薄不一問是諸器孰先壞必不曰薄者先壞厚者後壞也又不曰先出陶者先壞後出者後壞也惟曰先偃地耳葆祿聖人謂人之身與神曰吾曹得金貝藏於陶具然則此身體陶器焉易碎矣何論稚老哉吾覩圖畫以手模之其所畫物物皆近而巧士以法加減色使我目視如或遠焉或近焉世界一圖畫耳人人皆近於死無復遠者不可信目之化而謬曰或遠或近矣以是觀之吾不謂今月乃我所稟命終之日必不能使我善用此日也以吾年寡多爲善行是豫獲長壽利矣至耆老而不能爲善豈不

失長壽利乎人壽恒短人欲恒長短其壽者戒其欲之長也苟能自知前路不長所當止宿不遠何必盛聚資費哉未老謀善度生巳老則圖善受死可也老者勤積財尤甚爲家彌遒彌急於路費乎特伯國法老者至八旬毋許川醫曰此時非謀生之時乃備死時耳士君子生或逢時不幸不容我善度生孰能禁我善受死乎吾願生死均善不可得兼寧善死爲一死光明照耀終生也昔有問西土賢曉之壽爲至長曰至至善之候又問君子生世宜幾何時曰至可生之分限耳辣責得滿西土之名邦也其習俗視生死

無二惟論理當否有詩人作詩云士臨陣與其失命寧失刃當路聞之以爲大僇流之遠方其餘風及于閭閻亦皆輕死尚義本國史載一母有子出禦寇死之或告之曰今子死國難矣母安坐弗動曰我政爲今日生此兒也是生已足矣由此論之可見本世生姑爲生而煩苦窮甚歲月漸消危淺無比則生而似死焉此理明甚無可疑也然此世界中無他生不得不以知覺運動爲生既以爲生不得不以氣盡命終爲死但此死期凡有生者常當念之念之甚有利於道行矣然今當先略指其形狀也夫死之候有二劇

一在死前一在死際一在死後焉凡人將死卽先遺
厲虐疾不可療巳則良友泣涕屬耳語之曰有後言
宜相付囑者速言之矣命幾以泯矣吾從靡聞此
語則慄慄戰懼不知身後何如也惟默歎曰此日月
巳矣我永永不可再覩之矣吾所愛良田廣宅珍具
盈篋非我有徒爲他人積矣妻孥兒女不得復相聚
矣徒戀愛無益矣嗚呼
我至此殢殢也蓋曩所甚愛此時覩之甚傷心也存
之以樂失之以憂則前多愛今多死矣是故賢妻孝
子女此時避不忍見也見而增彼此之哀痛故也爲

吾友者或備棺槨或製衰麻爲親戚者或歛家具或守財貨吾展轉床第間惟有幽憂塡膺耳此則未死前也死非他惟靈魂與身形分別耳凡二物相胳合者莫如靈與身之親切也今既將分之愈難矣兩友偕行于途臨岐尚猶惜別況一生同體之交乎哉卽見彼身失潤色而貌變目深鼻稜口瘖耳燥足吟脈亂心動四體流汗哀哉哀哉夫人以毋痛入世以巳痛出之出入皆痛惟死時痛在我身尤切矣及至將死則仰而見天帝忿怒吾前行俛而視一生之歲月都費之以造惡向前而觀無窮之瞋幽時下而視地

獄苦谷之門大開以我翕吞左右旋而眙鬼魔俟我神魂出身將之傷哉此時欲進而不堪欲退而不容欲悔而無及自恨其生而死已此則死際也及至死後所患苦又甚焉何者死之後我之所存靈與魂耳魄即爲尸尸爲腐肉腐肉爲蟲蛆蟲蛆化歸于土此則賢否無異焉詎隨視惡人之靈魂矣夫旣出身外忽見移幽陰異界輒置之天地主嚴臺前以審判一生之所爲則盡出籍記詳載行事無遺于是所有非義之財所取非淨之樂洸泆欺君暱比暴民順私意傷剩孤弱者皆來受其報也于是淆亂神道抗侮上

帝妄尊異端詐僞誣世無所懼畏既見天主威在上
審罰毋奈顚倮而無所逃也于是不肖人所掩諱醜
情陽廉陰貪外飾正內醜邪見過不圖改見義不肯
若諸隩隅闇事心中所藏逆公之謀非禮之欲非法
之念人目所不及一一發露不可蔽焉天地萬物并
我自心皆從而訐我証我則我焉辭乎在生多見天
主慈惻天主寛容至此始見天主怒忿天主嚴威也
則我何禱乎誰獲解救之乎于是方知財賄已無而
惟有犯理得財之罪也穢樂之味速過而取穢樂之
咎常遺也傲矜之氣已隨風而散而惟留傲矜所招

大刑永悠不脫于身也則第得恨已畏天地懊惱而受無限殃痛哭嗚呼不已矣此難之至難在死之後也

常念死候備死後審第四

徐太史明日再就余寓曰子昨所舉實人生最急事吾聞而驚怖其言焉不識可得免乎今請約舉是理疏爲條目將錄以爲自警之首儀余曰常念死候有五大益焉其一以歛心檢身而脫身後大凶也蓋知終乃能善始知死乃能善生也知家財乏之則用度有節知壽數不長則不敢虛費寸陰不然者如行霧中前後不知惟見目下耳舡三老使舡必有路程有地圖日誌已行幾何以知其所餘於後也坐必舡後即知其舡前事乃以舡張翕之矣吾人行此生之路亦

如是也日記其日已往而自置已于此生之末乃能善燃揔一生之事也又如魚潛以尾引海中路也鳥飛以尾導空中路也行此世非如於海於空乎非以死候之尾永言念之難乎免焉恒以心居死候則知生際所當為吾欲知生際一事當行耶否耶即思此事是我死候所願得于生前者耶抑否耶如此淵導豈不痛切哉古賢斐羅谷氏六年處塚內伯辣漫人之俗家門之外即是墳墓出入顧瞻之西土吾同道幾百國大槩壟死皆于城中夫皆懼忘死之備而立計畫以自提醒耳昔西隣國有賢王傳不傳其世代

名號惟時君老僅一子當嗣國子輕佻無威儀荒縱
自肆國民患之有司以誥王請戒諭焉王訓約百方
弗若也則命士師曰王世子犯重法依律治之勿赦
不日世子以舊行奸宄事士師拘囚訊鞫之律當大
辟至日則出以行刑世子見事窘請詣王所與父王
面訣許之至王前訴曰以王之子國之上嗣如匹夫
死於刑下寧不愧乎王泗泣曰非我也法也吾豈忘
父子恩既爾誓免汝目下刑吾讓爾爲王七日七日
之內恣汝意行樂滿七日自往士師所伏法矣語畢
即解王衣裳袞冕服之令即王位百官皆聽其命已

退而撫處了不與國政矣第俾一陪僕從世子每日
夕即提禀云七日限今已過若干日也如是諸日世
子一意盤樂娛玩無倦獨至夕聞僕之提警卽大驚
竊憂愁不勝迨第七日期已逼迫啟請遊樂畢無歡
悰矣王至期出卽問世子七日之樂何如曰何樂乎
王曰一國之力不足供一人樂乎對曰然而夕夕有
一僕來以就刑日數提刺我心于是諸日日知我命
就終竟滅諸樂已王曰人人日日無不就終壽無不
等而均寡焉已矣以後汝可保國矣往昔所犯大赦
於汝惟自今後令此陪僕依前七日夕夕提警汝念

也通國士民聞之大喜世子謝教謝恩而悉改前行父歿代立亦爲賢君也視此可驗幾載之教誨百端以移其心終不能致而七日死候之念致之矣是倍僕之設智者不可無也恐世事脱其心而忘之故也其二以治淫欲之害德行也五欲之炎發于心則德危而受彼燒壞此死候之念則一大湧泉滅彼熾焰故于懲戒色欲獨爲最上良藥也吾在世若已結証罪案犯人從囹圄中將往市曹行刑標榜我自負之以行而于道中適遇喜樂事猶堪娛玩乎若翰聖人設一喻狀世人取非禮之樂也甚善其言曰嘗有一

人行于壙野忽遇一毒龍欲擾之無以敵即走龍便逐之至大阱不能避遂匿阱中賴阱口旁有微土土生小樹則以一手持樹枝以一足踵微土而懸焉俯視阱下則見大虎狼張口欲噏之復俛視其樹則有黑白蟲多許齕樹根欲絕也其窘如此倏仰而見蜂窩在上枝即不勝喜便以一手取之而安食其蜜都忘其險矣惜哉食蜜未盡樹根絕而人入阱爲虎狼食也是奚謂乎人行壙野乃汝與我生此　世界也毒龍逐我者乃死候隨處逐人如影於形也深阱者乃地獄之憂淚苦谷也小樹者乃吾此生命也微土

者乃吾血肉軀也虎狼者乃地獄鬼魔也黑白蟲齒樹根者乃晝夜輪轉減少我命也蛇窩者乃世之虛樂哀哉人之愚甘取之迷而忘大危險不肯自拯援焉哀哉西土有兩泉相近其一泉水人飲之便發笑至死不止其一泉水人飲之便止笑而瘳其疾泄使人笑至死之水是乃世樂迷人壞其心也止笑瘉疾之水則死候之念耳可不旋酌之乎其三以輕財貨功名富貴也夫物者非我有也非我隨也悉乃借耳何足戀愛乎身後人所去所也彼所無用財爲亦無重財爲矣吾曷不萃彼所之所尚乎惜乎妄人于巳

已所在受苦也夫物汝曾嘗其得之
其失之恨請毋觀其來觀其去毋觀
歟夫進而聊帶僞樂而退乃大遺眞憂
所謂財人已畢其寐而手中無所見也言有
人夢捉得金銀滿手喜甚急握固之忽然而寤即空
拳耳經不曰人財而曰財人以是貪得者非我使財
爲財所使是財奴也不曰得財惟曰夢得財益其富
厚百年猶一夜之短夢耳且狀其情以一舊事極著
明焉昔有一士交三友而情待不等其一愛重之深
于已其一愛重之亞已其一甚非薄希覿面焉忽遇

非變國王怒速訊之詔獄士聞之卽急走其上友詐
已窘急幸念夙昔冀援手焉其友曰今日特不暇救
汝政與他友有嬉遊之約當候於此不得動移秪能
送汝衣一襲與一兩耳士悵然歎息則走其中友愈
益悲泣訴已患所勿曩前友拯脫我于厄迺友曰今
日適遠行不暇惟得偕汝行至中途遠則至公府門
耳訊獄在內吾不得與聞也則益窘而悔曩昔擇友
之悞也既而思彼小友素忠實或能救我乎未可知
至其所無奈愧怍不得已先告以二友相負狀又自
曩之非薄請勿介意也惟幸念一日之雅願微大

德無棄我矣友曰吾故寡交恆念汝汝今勿廢此等事惟我能任之便相拯濟為好我者勸也言畢即先升遐王所此友之寵于王也異甚則一言而釋士竟無虞矣是奚謂乎士遇事變即人至死候上帝將審判我一生不善行也其三友者一財貨一親戚一德行矣夫財貨室屋田產自不能逆動惟與我葬服及棺槨耳夫親戚朋友惟送我山間及墳墓之外自不能入矣第德行陰騭人雖不甚重之却能保身後之心且以我拯也以是可見死候之念導人以明世物之虛實矣能隨我者乃我事也實也不隨我者非我

事也虛也沙辣丁者西方七十國之總王也將衰取葬衣命一宰臣揭諸旂竿之首行都邑中順塗而大呼曰沙辣丁七十國王今去世惟携此衣一稱耳噫詎不亦此意乎野狐瞰日饑餓身瘦臞就雞棲竊食門閉無由入逡巡間忽睹一隙僅容其身饞亟則伏而入數日飽飫欲歸而身已肥腹幹張甚隙不足容恐主人見之也不得已又數日不食則身瘦臞如初入時方出矣智哉此狐吾人習以自淑不亦可乎夫人于入生之際空空無所有也進則聚財貨富厚矣及至將死所聚財貨不得與我偕出也何不習彼狐

之智計自折閱財貨乃易出乎哉問何者為眞富必曰廣有重物能恒存不受壞者為眞富故良田腴產謂富人之本業焉夫田產于人火不得焚水不得漂盜不得負而趨年遠不得銷損于諸物中獨為堅久故善持富者寶之何况于德更萬倍堅久乎德不畏水火盜賊彌久彌固不相脫離生死我隨也此為人之大本業也必矣其四以攻伐我倨敖心也倨敖之氣諸德之毒液也舂敖者其道心固敗矣夫敖之根柢本弱也以虛為實以無為有以他為已也故常念死候不俾自昧自爽已矣孔雀鳥其羽五彩至美也

而惟足醜嘗對曰張尾目光晃耀成五彩輪顧而自
喜倨敖不已忽俯下視足則斂其輪而折意退矣敖
者何不效烏乎何不顧若足乎足也人之末乃死之
候矣當死時身之美貌衣之鮮華心之聰明勢之高
峻親之尊貴財之豐盈名之盛隆種種皆安在乎何
不收汝輕傲之輪乎哉古者西土有總王名歷山奄
有百國幅員數萬里無勝其富而心敖且猶甚不足
既崇葬埋之後彌極華美時有名士視其塋識之曰
夫人昨也踐土今也爲土踐矣昨也彼藏金玉今也
金玉藏彼矣昨也寰宇不足容之今也土窟三尺則

足矣嗚呼行世之際有尊卑死之後無尊卑也誠若象戲焉運于楸局將卒異位殊道及事畢覆局則雜位同道矣目者無所不見惟不見已也見已有道以鏡照焉人者無所不識惟不識已也識已豈遂無道乎以死者之髑髏鑒焉彼昔如我今我後如彼今也往日余有友常畫髑髏形縣于齋室以自警也庸詎不善於圖畫古器之設乎其五以不安畏而安受死也造物主每造一物即各賦以愛已之心是者不論蠢蠢物物有之則畏死欲生之性人人均也然而生死皆聽天主命人自求死即不可入強求生即不可

何者天主固不令人自擅死也若士卒非帥命不敢
離行伍也倘終竟不欲死是爲悔既生焉夫生死之
主借爾此生實陰約以死而還之如左券在彼不願
死則失約而悔其已生矣今貸財不可而貪生可乎欲
負約頻人之財不可而欲負約頻天主之生可乎吾
鄉人亞大西勞氏西臘之名邦也經踰阿林波山時
方市市爲天下最盛或詰觀之曰無貨不備辭曰有
售長生者吾則往矣惆哉若人不貪貨而貪生并貪
流也別有眞儒承國主大封問使者曰上賜我此祿
亦賜我壽命以久享之乎使者曰否此天主恩耳儒

者日既備我則往事天主自修我行以我身後求享
天祿矣辭不拜受夫顧常生則進求常生之路可也
汝於死人之域于常生謬矣夫死候者須臾耳雖嚴
而速畢何當懼之乎吾不能無死然而能免死之懼
也狂者與嬰兒不懼死吾反弗克焉彼愚而我智也
愚能與人以安智能與人以不安哀哉夫眞智之君
子備死也不畏死也死候無時不在其念譬如良將
時時不忘戰足備敵也弗畏敵也夫死候之念初來
以威次來以慰卒來以喜也武士入都試或有驚馬
則數日前肄習之馬埒間使勿驚至試日馬已習弗

驚也人心也於死候驚焉矣吾以念死心習之將間至眞死候則已習弗悞我大事也夫人所畏于死者非死之瞬息乃瞬息之後所紀也此畏也最能引我於善則宜存養之不宜御去之也誠思吾自今以後有日將我一生中日日刻刻凡眼所視耳所聞口所啖身所以四體所動心所論心所愛合理與否一一籍計無漏焉無爽焉凡善與惡悉審察以按判孰不懼乎既懼之　勿以斂心以謹行者矣故敝鄉有賢者修道公[illegible]　嘗及時四體戰兢旁人問其故答曰是懼也非始自今也吾平生有之人曰某昔云

豈已成也何懼答曰天主審判嚴矣其耳目我
也徧人人哉可弗懼與古又有一人死而兩日後復
生又生世十餘年竟不發一語亦絕不見笑哂默居
靜修其後死日諸友強問之惟曰人不知死後審何
如使知之夫誰非而死蓋君子於天下無所與無所
與即無所愛無所愛則捨之無恨也其志在天上不
在人間以彼為寓客暫欲近家不啻無憂且大喜焉
以此軀殼為囚其為桎梏則見其壞朽無任娛樂如
囚人視狴犴垣壁裂桎梏壞爛乃望其解脫拘繫可
歸故鄉何憂哉第兢業日慎不敢輒自居安輒自居

賢猶恐德未成也是以孜孜矻矻惟日不足矣徐子曰於戲此皆忠厚語果大補于世教也今而後吾知所爲備于死矣世俗之備于死也特求堅厚棺槨卜吉宅兆耳孰論身後天臺下嚴嵒乎余曰迂哉重所輕輕所重莫凶乎是也文王歿在豐鎬而周公作詩以詒其後王曰文王在上於昭于天則豐鎬之文王文王之灰燼焉耳吾忘已之精靈而獨顧休吾灰燼乎夫遺骴朽於高朽於下終生思之未嘗何異歟棺鄉所不覆固天覆之奚厭其瀆乎然厚葬親者自是人情不必非之所丁寧者惟毋自菲薄吾神靈焉此

世一生耳而身後永常苦樂皆自今造之今世也吾有不善可獨吾有善可增此生以後絕不能也死後按察賞罰之時也有未犯王法未得罪于人而偶經過于司生殺者之前入其庭猶且惴惴焉矧終其身所爲莫非違天命獲罪于天臨死將至乾坤主宰嚴臺之前按我萬萬世罪殃而且得安然乎不思乎妄望僥倖免乎自昧而不信乎謬矣大善備死候者萬法總在三和三和者和于天和于人和于己是也得罪于天無所逃不從而禱於天孰禱乎繫在此則祈解亦在此矣所復勤詢天主所貽至教習其情悔

責吾前非立心于守聖戒以息天怒以致其神寵此以和天也吾藏人非義財物即還之其人嘗毀謗人玷缺其名行即以真實語獎許之復成立之嘗與人交爭敖很有讐即恕宥和睦好待之此以和人也凡有以酒色自汚賤本身以醜念邪情亂熒心靈即將洗滌新新從善志歸道體或有誘感我于非義遠離癈之勿惜此以和己也嗚呼倘死者已受天刑不能復生于世一刻以改前非移心於道德不難出無量數價無若不甘心服之以易之其如不可得何詳承儆心以忖惜備死候之實範不圖迅行之何心哉

君子希言而欲無言第五

曹給諫問余曰聖人皆希言而欲不言也奚謂乎余答曰夫言非言者所自須乃令人知我意耳若人已心胥通何用言如人面語可省簡牘也聖人言以誨民民自知則其言之功止矣民弗知聖人始言焉然博雅之言言約而用廣蓋粹言比金鋌焉微而貴重矣是以聖人罕言而欲無言也無言則人類邇於鬼神所謂人以習言師人以習不言師神也故天主經典及西土聖賢莫不戒繁言而望學者以無言矣曹子曰吾幼讀孔子木訥近仁及利佞之說即有志於

減言且聞貴邦尚眞論今願聞禁言之法言幸以告
我以証聖人之旨以堅此寡言于同志　白寶承
命不敢辭然茲論也浩且博吾試揭數端
詳備焉凡不肖者言不顧行行不踐言則易其言也
言也如飛之鳥一出口不得追而復含之矣鳥出籠
即自此樹飛於彼樹言出舌亦自此口傳於彼口不
還也故智者多黙希言乃爲蘥其羽矣天主聖經曰
多言之際不能無謬能守巳舌乃智之至也又曰愚
者不言則人將謂之賢者釋之者曰愚者未言與賢
者無異惟舌與音爲其愚之徵耳是故宜恒以手掩

口也東亂氏古之賢者于大衆會不言或譏之曰言
之窮乎性之愚乎曰然愚者不能勿言先世之所寄
臣曰惟命獨有一物臣不敢受寄問何物曰隱密之
言耳曰何謂也曰言也難收矣不洩之以聲恐露之
以形不漏之以辭恐傳之以夢也出　古西凪一大賢
瑣格刺得氏其教也以默爲宗惟下弟子每七年不
言則出出其門者多知言之偉人也是默也養言之
根矣根深養厚而株高幹枝盛也又嘗出一名師教
人論辯所著格物窮理諸書無與爲比至今宗用之
而其人每靜默希言或問之曰子自不言何能教人

言對曰子不見夫礪石乎已不動不利能使刃利焉凡器之小而虛則其聲揚器之大而充則無音何謂小人中無學問惟徒以言高耳君子充實而美斯無言也善行為善言之證也行也無言而言矣故曰善言者不可以邪行壞之若言行不相顧豈不以邪行壞其善言乎造物者製人兩其手兩其耳而一其舌意示之多聞多為而少言也其舌又置之口中奧深而以齒如城以脣如郭以鬚如棟三重圍之誠欲甚警之使訒於言矣不爾曷此嚴乎夫口也又心之藩籬焉故經曰守言即守心也園無藩籬外患即侵而

毀之心無口之禁不止受外入之累自亦遜而失巳
矣舌毋先心可也吾未嘗不言而悔秖多有言之悔
耳敝社之東有大都邑名曰亞德那其在昔時興學
勸教人文甚盛所出高俊之上浦傳記也責煖氏者
當時大學之領袖也其人有德有文偶四方使者因
事來庭國王知使者賢甚敬之則大饗之而命諸名
俊備王賓之禮責煖氏居首是日所談莫非高論如
雲如雨各逞才智獨責煖終席不言將徹使問之曰
吾儕歸復命乎寡君謂子何如曰無他惟曰亞德那
有老者於大饗時能無言也秖此一語蘊三奇矣老

者四體衰劣獨舌彌強教當好言也酒於言如薪於火即訥者于是中變而譁也亞德那彼時賢者所出倏者所出則售言大市也有三之一雖禁言剣三兼之乎奇哉教可傳之四表故史氏不志諸偉人高論而特誌責煖氏之不言也那伴氏至德之上初發志修行即入學其師方講經次經曰吾將守我行以免舌之咎聞此一句即辭而曰足矣請先習此句可久修而後入學師問曰何遲之久也曰未盡習初句不敢還也自後德名藉藉遂入深山獨居默修用以晦迹剷名而名日益高夫名也如影焉避就者就避者

而愈晚愈長是以邦伴雖屏居數年四方共景仰之
于時有尊位持教官赴山中見之邦伴了無言官曰
乞賜片言小吏取以布教曰子不取我不言何能敎
我言乎此可謂盡習初句者矣載香器必固塞其口
不爾原氣渙矣子承傳於心苟冀儲之以備施用莫
若閉口默蓄矣吁今之學非爲已悉爲人耳故大學
師有人以其弟來學其弟久侍而不言學師令曰言
之余以觀汝夫人在目前必令言以觀之乎覿面則
視其形聞言則視其心矣試人如試陶等焉叩擊之
陶以音著其裂人以言顯其疵也西邑諺曰舌頰面

于病齒故吾先正每日吾未聞一人言常畏之往時有一士嚴坐于衆士列良久不言俄發言言其所不達或曰此人也而終不言不亦可謂士乎默之一藥能療言之萬病矣世之大惑者每從師以肄言無師以習不言也第不言難惟英俊能之耳言欲遂而強止之如以口含滅光燭豈不難耶誌載昔非里雅國王彌大氏生而廣長其耳聳然如驢恒以耳璫蔽之人莫知焉顧其方俗男子不薙髮月鬄之恐其鬄工露之則使鬄之後一一殺之矣殺已衆心不忍則擇一謹厚者令鬄髮畢語以前諸工之被殺狀若爾能

抱含所見絕不言則宥彌丄大誓願曰寧死不言遂生出之數年抱蓄不勝其勞如腹腫而欲裂焉乃之野外屏處四顧無人獨自穴地作一坎向坎俛首小聲言曰彌大王有驢耳如是者三即復填土而去乃安矣後王耳之怪傳播多方或遂神其說曰此坎中從此忽生怪竹以製簫管吹便發聲如人言曰彌大王有驢耳國民因而知其事也然呼禁止之難乃至此歟是故昔西國君詔其賢臣曰吾于胸獨有人之胸特爲流言溝焉即入即出無留乎心無增乎行矣彼喧譁之心無殊於隙甕雖掛之美液四處漏奚得

潰[illegible]欲塞言之漏縱不得不言可不愼於言乎昌事敗[illegible]不因言而敗昌國覆不因言而覆乎所請人之生死[illegible]由舌也善馬不轡銜不可御人七不謹言不成德東方鶴初冬去之西土道牛山牛山產大鷹鳥鶴所忌也鶴過山則銜小石恐忘而妄鳴以致害踰山眆捨石矣人輩亦過此世之險由五欲之鷹張爪吻以傷此心何不以默之石塞口而終日謹謹乎世之害莫大乎佞者佞者以巧言迷人心如仇類以金爵酖人命也其所言非昌徒以巧詞綺語飾而出之如塗朱傳粉兒女之事非大丈夫之氣也東格刺得氏

當亂世卓立自好正言不屈奸人誹而胥之於罪波拘囚以誅焉其門弟子大憂之獨巳至死不色變于時有一名士大雄辯論理無對則代之慟而作一文字剖析事理申雪枉抑使束格剌得持于公堂庭辨之必免刑也躬詣獄致之束格剌得讀畢曰不對不堪用士曰此文言言切中夫子之事矣云不對不堪用也曰婦人履稱我足我亦不甚矣男子氣雖斷于殃不取于卑陋巧言而汝安須之以自敗其德乎哉佞者致言之病耳蓋言之期期以人信焉立言而無人信如創室而無人居也人所深信乃其所明覩耳

汝以言之蘖曚之則有所不通矣故人疑而弗信也
藏麥於窖麥得土氣欲圻出而量之多于初然麥浮
敗矣言在佞人口盛而增多惟無乎也嘗聞人稱者
人以多聞求聞稱譽以多言雖善也多則人病之
善言不可多而虛言妄言罪言可多乎或曰陡爾學
內何以言為齊不皆銜枚而瘖然行世乎曰否也聖
人勸寡言拯扶世流耳矣無言孰世乎禽世甘惟言
衆人以是別鳥獸賢以是別愚文明之邦以是別夷
狄也人無言虞廷何以拜昌言孔孟何以□□□□今
多聞者從何而得聞乎利兵以扞國禦□□□□□持

之以猊正人則目爲凶器而禁之非其人不藏焉是眨言之原由人誤用耳聖人欲不言欲人人皆正行矣如醫之慈者欲無醫乎乃欲天下無病者乎阨瑣伯氏上古明士不幸本國被伐身爲俘虜鬻于藏德氏時之聞人先達也其門下弟子以千計一日設席宴其高弟命阨瑣伯治具問何品曰惟覓最佳物阨瑣伯唯而去之屠家市舌數十枚烹治之客坐阨瑣伯行炙則每客下舌一器客喜而私念是必師以狀傳教者蘊有微旨也次後每餚與醬異治而充席無非舌耳客異之主慚怒咤之曰癡僕乃爾辱主市無

他殺乎對曰王命耳藏德滋怒曰我命汝市是佳物誰命汝特市舌耶阨瑣伯曰鄙僕之意以爲莫佳於舌也王曰狂人舌何佳之有曰今日幸得高士在席可爲判此天下何物佳於舌乎百家高論無舌孰論之聖賢達道無舌何以傳之何以振之天地性理造化之眇無舌孰究之不以闡奧微難通以舌可講而釋之矣無舌商賈不得交易有無官吏不得審獄訟辯黒白以舌友相交男女合配以舌神樂成音敵國說而和大衆聚而營宮室立城國皆舌之功也讚聖賢誦謝上帝之恩造化大德孰非舌乎無此舌之[illegible]則

茲世界無美矣是故鄙僕市之以稱嘉會矣客聞此理辯則躍然喜請貰之因辭去厥明日共詣師謝語昨事以謂非僕所及意師之豫示之也師曰否否僕近慧欲見其聰頴耳衆猶未信師曰若爾請復之臨命阨瑣伯曰速之市市殺宴昨客不須佳物惟須最醜者第得鮮足矣阨瑣伯唯唯去則如昨市舌耳畢無他殺也席散數下僎特見舌覩昨無異客益異之主忿怒大詈之問曰舌既佳疇命汝市佳者何弗若我而惟欲辱我乎對曰僕敢辱主乎鄙意舌乃最醜物耳主曰舌佳矣何爲醜乎曰吾解鄙見請諸客加

思而審之天下何物醜於舌乎諸家衆流無舌孰亂世俗乎逆主道邪言淫辭無舌何以普天之下乎自天荒誕妄論紛欺下民無舌孰云之易知易從大道至理以利口可辨而毀矣無舌商賈何得詐僞罔市細民何得虐誣諍訟而官不得別黑白乎以舌之諂諛故友相疏夫婦相離以舌淫樂邪音淳放溺心夫友邦作讐而家敗城壞國滅皆舌之愆坐得神訛上帝背恩違大德孰非舌乎無此舌之流禍其世安樂矣是故鄙僕承命市醜物徧脩之惟見舌至不祥矣衆客聞二義陳說既正音吐　雅俱離席敬謝教是

後王視之如學士先生也以是觀之舌也本善人枉
用之非禮而言卽壞其善是故反須致默立希言之
教以遂造物所賦原旨矣夫敎言無五毋有五有也
汚邪巧謟誇五毋也真直益減時五有也言毋汚則
近淨而漸者就之無縱吐汚言以咤小人而先穢已
口也勿曰彼耳是宜聞惟曰吾口是當言耳惡言來
吾用惡語報之是火將熾而吾施之鞴初惡一含惡
二矣苟用善言迎之是火漸延而吾徙薪豈非以我
善致彼善乎毋邪則近正而端者取之正心必發正
言正言未必由正心也雖然而正言之時必能據正

恒自據正即有邪心亦可匡也若果僞者并亦不能恒作正言斯爲邪耳鸚鵡鳥能人言而不自達其意乎時諄諄與人無異忽逢攖擾即揚禽聲而復其啼也詐正人善爲仁言而不自適其旨也無事便便與人無異俄值拂逆便轉邪情而還其偏本也詐不可久剏能恒乎毋巧則近質而誠者尚之法言素樸而自光美不求鮮華之飾屎言病醜不能不借于繪工愚者雅之智者病之行古之道言言今之詞耳毋諂則近怨而忠者若之世道衰下讒言易發易傳也故當戒口以言戒耳以聞也無聽讒言無讒故讒人與鬬讒者語未

識罪孰重矣毋誇則近謙而敖者去之自伐善者非因已既行德而言之乃行德以言之耳如是以虛德爲實應矣以惡易德吾所伐善安在乎吾之譽在我口是反爲訾也彼稱我善愛道而長已德吾自稱已善冒名而泯已德也此五毋也言有眞則無誕而人即信焉眞言全體相結僞言始終不類也眞者如明燭焉光四射縱掩藏之必乘隙而出矣蒙者醉者狂者三人之言咸眞實無僞汝爲不然豈不居三人之下乎直則無詭曲而人恍依焉直路一而去彼界近曲之無數而皆彌遠矣汝冀蚤赴家莫善於從徑途

也覷利而行行不得義察色而言言不得直也發矢不直是無力安能中乎張絃不直則無音那得和乎發言不直則無志無氣必不及致其所圖也益則無竅而人以為用焉有千金之言有無實之言誰曰言無直歟富贈人財仁贈人言珍貝利財忠言利德二者孰利乎凡無利於衆無補於身悉妄言也遇事當言度言之勝乎不言而後言無悔矣減則不繁而人好繹焉凡眞論欲入人易曉莫若淡且簡也約言近乎不言故為趣矣少可以成事何用多為無餘無裨益為減近有不言之處有希言之處無益言之處[illegible]

言之未寧使人嗣之以思無寧使斷之以厭也時則
不誤而人願聆焉時而不言猶不蒔而言也時雨人
翹首而望之時言人傾耳而納之皆得其欲也不對
病之藥縱善而傷身不合時之言縱旨而收事也雖
然知言之當以時發衆也知當言之時幾人乎體仁
之言真從義之言直由禮之言滅敗信之言益惟智
之言時矣此五有也使言毋斯五毋獲斯五有談自
旦迄夕者或謂之多言吾敢謂之希言焉有言者人
一聞而喜此言者人百聞而猶喜也語章曹子悅曰
吾設聞之曰人也於言如鍾於音焉人叩之大音小

叩之小音也若無叩而音其妖鐘已請益余曰贍已恐中國士誚我曰西士以喋喋勸希言也歟

齋素正旨非由戒殺第六

李水部設席招余是日值教中節日余食止蔬菓而已李子曰貴邦不奉佛無殺牲戒而守齋素何也余曰豈獨敝國中國自三代以前佛教未入恐不奉佛也皆以太牢事上帝恐不戒殺牲也然而祭之前有散齋有致齋齋者恐不飲酒不茹葷今所見士大夫遇郊社大典咸斷酒肉出居官次是則齋素之義不由釋氏始不以殺牲故明矣李子曰然吾儒將祭而齋者將以齊一心志致其絜潔對越明神也敢問貴國齋素何意余簇中適有舊藁一帙中說天主教

齋素三昔卽出帙觀之其辭曰因戒殺牲而用齋素此殆小不忍也然齋有三志識此三志滋切滋崇矣夫世固少有今日賢而先日不爲不肖者也少有今日順道而昔日未嘗違厥道者也厥道也者天主銘之於心而命聖賢布之版册犯之者必得罪于上帝所從得罪者益尊則罪益重君子雖巳遷善豈恬然于往所得罪乎曩若所爲不善人或赦弗追究而巳時記之愧之悔之設無深悔吾所旣失於前烏可望免之于後也況夫今之爲善君子不自滿足將必以闕巳之短爲離婁以視巳之長爲盲瞽焉所責備諸

已者精且厚人雖稱以俊傑而已愧怍如不置也所
省疚于心者密且詳人雖謂其備美而已勤敬如猶
虧也詎徒謙于言乎詎徒愧于心乎深自羞耻奚堪
歡樂則戒食減飧除其發味而惟取其淡素凡一身
之用自擇粗陋苦自責以贖已之舊惡及其新罪
晨夜惶惶猶類于天主臺下哀惻涕淚與洗已污敢
妄自居聖而誇無過妄自寬已而須他人審判其罪
也乎所以弱自懲詰不少姑恕或者天主憫恤而免
宥之不再鞫也此齋素正旨之一也夫德之積業人
類本業也聞其說無不悅而願急事焉但彼私欲所

發者先已篡入心而僭主之反相壓難憤激攻伐大抵平生所行悉供其役耳是以凡有所事幷因義之所令惟匪欲之所樂睹其面容則人觀其行與禽何擇乎有人於此人其性也而將易之使禽其形寧死不願之今者人其形也而禽其性則安之何哉夫私欲之樂乃義之敵塞智慮而蒙阱竅與德無交世界之痼疾莫深乎此矣他病之害止于軀殼欲之毒藥通吾心髓而入殘元性也若以義之仇寃攝一心之專權理不幾亡而厭德尚有地可居乎嗚呼私欲之樂微賤也遽過也而屢貽長悔于心以畀短之樂售

永久之憂非智之謂也然私欲惟自本身藉力是其
勇猛故遏其私欲當先約其本身之氣學道者願寡
欲而豐養身比方顧滅火而益加薪可得哉君子之
欲飲食也特所以存命小人之欲存命也特所以飲
食夫誠有志於道怒視是身若讎然不獲已而姑
畜之何者吾未嘗爲身而生但無身又不得而生則
服食爲腹飢之藥服飲爲口渴之藥耳誰有取藥而
不惟以其病之所須爲度數焉者乎吾輩此身皆嘗
爲蟲所食其食厚味以益其膏不幾爲蟲作牧人乎
性之所嗜寡而易營多品之味佳而難遂君躬極口

體遲意貪圖則以其養人者頻反而賊人謂飲食飫人多乎刀兵可也今未論所害于身獨指所傷乎心多聚飲食之處多來猫鼠蟲蟻多饕飲食之人多招罪過其身也僕役過健恐忤抗其主也血氣過強定傾危乎志也志危則五欲肆其惡而色欲尤甚豐味不恣腹色慾何從發淡飲薄食色氣潛餒一身既理約諸欲自服理矣古有問賢者何則爲學答曰脫身耳解之者曰陷心之逆真者莫甚乎身樂之誘也身之樂以重靄霧晦我心才使不得外脫種種諸像內釋五官之欲而往察物性以率造物主命也故有意

于學者先當拔心于身外也身也者知覺屍也機動偏也飾墁墳也罪愆餌也苦憂肆也囚神牢也寶死而似生也家識用愛誘損我心纏縛于垢土俾不得冲天享其精氣也能拔此身一日凶盡熄心脆阻礙任天游馴命矣古賢甘餓求餓不求飽其于身也似仇而實親焉此齋素正旨之二也且本世者苦世也非索說之世矣天主寘我于是促促焉務修其道之不暇非以奉悅此肌膚也然吾無無能竟辭諸樂也無清樂必求濁者無正樂必尋邪者得彼則失此故君子常自務其心淡泊　德之事不令貪憂困而望乎外

又時頻畧體膚　恐其透于心而侵奪其本樂焉
夫德行之樂乃靈魂之本樂也吾以茲與天神侔矣
飲食之娛乃身之竊愉也吾以茲與禽獸同矣吾益
增德行之娛於心益近至天神矣益減飲食之樂于
身益遯離禽獸矣吁可不慎哉仁義令人心明五味
令人腐腸積善之樂甚即有大利乎心而于身無害
也豐膳之樂筴而身心俱見深傷矣腹充飽以殺饌
必垂下而墜已志於汚賤如此則安能抽其心於塵
垢而起高曠之慮乎哉惡者觀人盤樂而已無之斯
嫌妬之矣善者視之則反憐惜之而讓已曰彼殉汚

賤事而猶好之如此懇求之如此吾旣志於最上而未能聊味之未能略備之且寧如此懈惰而不勉乎哉從人之災無他也心病而不知德之佳味耳覺其味則膏粱可無烴矣謂自得其樂也此二味者更迭出入於人心而不可同住者也欲內此必先出彼也古昔有貢我西國二獵犬者皆良種也王以一寄國中顯臣家以其一寄郊外農舍並使畜之旣而王出田獵試焉二犬齊縱入圍農舍之所畜犬身攫體輕走覰禽獸不顧而攫網獲禽無筭顯家所養犬雖潔肥容美足獵者知 肉食充腸安佚四肢不能馳騁

則見人跡疾趨　路傍腐骨即就而齕之齕畢不動矣從覩也然其同產則興之王曰此不足怪矣惟獸哉人盡然也皆係於養耳矣養之以佚飫飽必無所進于善也養之以煩勞儉約必不悞若所望矣若曰凡人習於珍味厚膳見禮義之事不暇惟俛焉而就食耳習於精理微義遇飲食之說亦不暇必思焉而殉理義矣此齋素正旨之三也李子讀竟曰此實齋素眞指古儒宜從焉乃謝而請錄之

重刻畸人十篇卷上終

重刻畸人十篇卷下

利瑪竇 述

後學汪汝淳 較梓

自省自責無爲爲尤第七

吳大叅音于自下問余曰豈欲坐功否余曰吾輩爲功與俗功異焉吾所圖者蓋在神免不在形身矣子曰既神則無有衰老日得常生何以功爲余曰夫人體貌爲形至壯至老日漸衰減智志屬神至壯至老反愈強是徵神不可殺不能滅矣吾因其常生謀其常[illegible]也常生而苦辛毋乃常死乎歟

其常乎學邀之效乎　功所爲用耳吳子曰善然則功
在行不在坐與余曰坐坐而默繹之以擇以定以誠
以篤用果其行也且行有二等有出於身外有留於
神內留於神之行重矣而神之行於坐時固可行焉
吳子問善神之肇瑞初功余曰夫初功者每朝時目
與心偕仰天顧謝上帝生我養我至教誨我無量恩
德次祈今日祐我必踐三誓一毋妄念毋妄言毋妄行
全公又俯身投地嚴自察省本日刻刻處處所思所
談及所動作有妄與否否即歸功上帝叩謝恩祐誓
期將來繼之擴無已若有差爽即自痛悔而據重輕自

行賞罰禱祈上帝惡怨宥赦也誓期將來必改必絕每日每夜以此爲常誠則是功自爲己師自爲己判日復一日毋奈過端消耗矣吳子曰功哉功哉自爲己証則過不及辟況文罪與自爲己判則不欲欺己豈待外人誨責焉先治內心次攻其表于言于行則功得岸得全得實爺如靈藥必效不誤也夫百人百罰不如獨責君子惕懼己知甚于人知之所謂自知則萬証矣然乎小人惟念人知是愧是憚耳其於行也不圖善惟圖遮隱矣縱可欺人使之矇曰是也是也而夫心之良將惛 鬧若或警呼曰非矣非矣孰能

強喑而已之乎則莫如當夜時晝事已畢燈已滅追求檢察一日之事何如且詔己令詳審責問今日嘗治心之何病禁止何欲洗滌何污改變何醜行今日移幾步于德域也夫身今日善於昨乎否也茲功行則怒心可滅可除淫心可遏慾心可懲可化矣且既自知日日又日會當追至天理臺前從公審判即此諸種妄念不敢發也自悔自褒之後固可盡夜安對無慮焉第此功也精矣美矣得至無過便已聖人何謂初功耶余曰去聖人猶遠矣是者初功又有初之初中亦三也蓋凡未行道而立志行之其始事

猶混濁未得便澄惟戒其大非耳既聊進方克省其非也至近善地乃察細微過者也譬之如泉久淪濁欲淸之先除其粗石耳水已靜方可視小石去之水既澄則其砂亦土沙沉居水底悉可睹而汰之矣此三者皆掃除之役屏棄諸惡耳亦及爲善也吾曾久作前功進于此則兼起行善之功行善精美矣行善者于念于言于行非惟審有妄否猶察夫既有善否未有善則自悔自責如犯誡焉此時又以無善爲愆也至善盛乃可入聖人域也吳子曰信夫聖德雖無惡及其成道尚在爲善貫教作功一在誠實斯途盤

顯然徑效不虛矣惜今之俗論染佛乘云空尚無則論道者一槩高玄無翅飛天乃人之所不能行矣但論以論不以行故不顧實虛乎子談道以行即所談者悉可效于事也然嘗聞志仁無惡無過失乃近仁也無過失易爲與聖人遠乎余曰茲者能無疵誰乎齋舍中人與物一一獨潔而日埽日除垢何居風中難免塵埃也故在本世德雖高前功之纍不得暫捨乎也縱設有人了悉埽除諸等醜咎而於聖人之域邇乎農夫既易田者猛獸已驅荆棘已拔野草已燒瓦礫已脫咎形已平而無所施藝是近上農乎哉子

有傭僕以應家役彼未嘗稱主財物矣損家械不擎
子謂子不博不酗而日惟游閒坐臥一切不爲子以
爲是僕善乎不肖乎總總生靈皆僕矣皆僕役爲天
王所傭以治此道之田以實穹上帝工也必欲收投
而獻諸王庾必欲行其役而充本職也豈竟望不爲
非禮耶今也全德之君子罕見則非但無過能寡過
即目爲賢爲聖焉世衰故耳吾天主大教論人罪惡
凡有二端一因不善之有一因善之乏俱可悔也俱
可改也吳子曰談愈微愈美矣凡夫孰知無爲乎善
爲乎惡兩者等乎益凡善吾力所能行無非吾分

啻爲矣若此番已也進道無疆矣

善惡之報在身之後第八

乙巳年龔大參賁捧入京即余問曰天也至公至正凡行善者凡為惡者必有吉凶報應第今人多以善惡之報全在見世加於本身若身後則無有佛氏所傳輪迴六道天堂地獄之虛說也不識當教云何余曰是何言與豈可以輪迴六道之虛說輒廢天堂地獄之實論乎吾天主聖教不如是輕補德勸以為順者天下福祿足賞之逆者天下災禍足罰之也德之根抵高峻從天而發天下萬物皆卑陋異類豈有價值相應可以酬德者哉天下君以天下位絀陟僚吏

天上君亦以是償天堂乎明達世界之情者咸曰偏天地皆從欲者迥拔衆凡而爲君子每世得幾人耳君子欲行道于世常不脫終身之苦辛則此世界也謂之地獄氣象猶可若謂天堂殊不似矣試觀世人暴類無不自稱苦焉苦中有天堂耶天堂中有苦耶彼小民勞于農力險于經途汗于百工疲于戍守每仰縉紳持權者爲安樂且曰世界有天堂居高官食厚祿者即是其人豈不然乎今子臨民有年矣敢問身所得天上樂何如哉大叅曰否否世界有地獄居官者陷于其深區焉泥塗中負重負此之爲勞不及

於位小官署輕任者夥等而上之平人不識縉紳士所茹荼苦故謀撥而加諸身令識之偶值諸路必遠過不拾取也古人比吏道如黃金桎梏拘于囹圄甚得其情也是以吾今思抽簪投紱歸耕娛老與幸不虛此生耳余曰信矣子治一方見勞如此其甚夥治多方乎即其苦奚啻百倍也位愈高心愈危也西土古昔有棲濟里亞國王曰的吾泥俐國豐廣爾時有臣極稱其福樂王謂之曰汝能居王座而安食一饌則以位遜汝即使著王衣冠升王座設舉盛饌自執事以王禮御之而實座之上則以單絲繫利劍垂鋒

而切其頂此臣升座初觀王庭左右侍人奔走趨命郎大歡喜既仰視劍欲墮便慄慄危懼四體戰動未及一餐遽請下座曰臣已不願此福樂也王曰嗟乎余時時如此子以為福樂也兆民畏君君無所畏耶嚴主在上日日刻刻以明威之懸劍懼我爲俗人不知居上之苦故慕之因嫉之倘知之反憐之矣吾嘗且笑且惜彼經世之士謀安而溺于陀努力攻苦以立功增職王法亦差功疏爵次第加之誰知吾以苦市苦朝廷亦以苦償苦乎今不謀歸田而歸而能忘鄉人緣專務一已生死大事則得矣苟圖度離苦就

甘恐甘者無時可就苦者無時可離也世如曠野滿
皆荊楚何逝不刺身焉
欒氏者西土聖人嘗曰烏生以
飛人生以勞是以生人際此齟齬未及了坦而逼迫
他患已便萌發如候缺次補焉吾丁年苦如仇國卒
世相攻中或可圖暫將解休易得其奈乎智者時
防其侵也易居易職非溺苦也如其奈是今進僅易苦
之別味耳四方民無不哀號曰世俗勞生吾以為關
免之不如圖忍受之必欲免者須尋他世界於此
未見未聞有人得免焉此世界譬若細長繩作總落

締結糾纏盤互令羣生一一解之我羣生者先盡解
其生命而繩之締結不盡解也造物主祐君子者令
不屈于患莫免其患矣發其心以甘受憂不息其憂
矣故君子小人德雖不等憂患雖殊由而見困苦均
焉大叅曰信哉率四海之濱皆苦乎既三日韶陽候
蘇子張飲爲大叅祖道余在席大叅曰我而哂曰世
界人皆樂矣何也今日又復相聒談論飲嬉非樂乎
且吾尚有疑焉生若苦者世何以無顧死惡啓生乎
非但問富厖康逸榮華者問貧窶裸裎卧淩跣氷丐
于街市及諸聾瞽目盲耳聾徧體衰憊若老病痼毒

晝夜僵地傷痛不間咸猶寧生不寧死焉奚不咸恬樂行世之驗乎此非樂地人人何肯愛戀之弗忍捨去之且善惡之報天下萬國各立君主用專賞罰之權君又選士居方定律設法綱紀民心以賞賜正之以刑僇齊之是令善者必榮樂惡者必危辱足為勸懲焉奚待後世之遐且遲乎余曰固也實未始曰此世有苦而竟無樂也特曰此世樂不足稱上帝酬仁人之神德若此世苦亦不足明著上帝殃不仁之凶禍也故當造身後眞天堂眞地獄盡善惡之報以大顯宜上帝全能淵旨矣昔者吾述天主實義已揭其

理令復舉其端倪夫天降禎祥妖孽多不因善惡況合其德懸輕重乎世病柄世權者嘗竊偏私則以爲疑造物主弗理視世事或又解之曰此天之未定也嗟乎天豈有弗定有弗定豈可爲天則外不信此後有日焉各得其所嘗得目報今之人依而介制設偏私之咎耶嗚呼持世權者縱爲公不而所賞賜功私與否惟耳目是信耳無察擬於弗克究也已之而惟有所妬憎則泯其善揚其惡愛蔽其違行所親愛若及是則在上者時或不及閒其人之功微則能不失法意乎豈惟人也已亦掩已矣然德之精多合于內不

路一外發外者德之餘耳非其人易粉飾焉若之遺
已上彌隱巳德何當曰隱也且不有其德也人與已亦
知之則矯從而褒之惡懲之本乘醜于心不淺于外
見外者惡之末耳詐爲者不難文飾焉惡者猶然矣
匿已惡矣徒曰誑也且不覺已惡矣人與已亦遂迎
誰從而賊之矣已自益甚已不有之問顧之人又從
蓋之秉法君臣又不及知之後行天主審判以來
報或姑報而不盡盡此必待來世天之主宰而威神
鑑按審無爽矣至若人情無不願作者此別行故天
主造天堂地獄爲善惡之報本自親口傳諭令人遵

信不待忖量其奈人情槩惡自塞天牖神傳大光無由得入便不能明知身後所受又自古人死有必復生者並復不知死後事情也既不知其情誰願往乎譬如人情戀土若有人從他鄉還明知彼處利樂便願褁糧從之若去者自古及今無一人還非萬不得已誰欣然肯行哉狐最智偶入獅子窟未至也輒驚而走彼見迹中百獸跡有入者無出者故也夫死亦人之獅子迹矣故懼之懼死則願生何疑焉仁人君子信有天堂自不懼死戀生惡人應入地獄則懼死戀生自其分矣大㕘曰子論人之報人善惡苦樂聊小

不能相稱聊小之中又有法律所不能窮究者是則然矣然人與法律所不覺者吾方寸中具有心君覺是覺非切報之則報仍在已在今不俟身後也仁人有天堂即本心是心眞爲安土爲樂地自然快足自然欣賞矣汝若辦一德心即增福祿一耑備全德即備全福樂故謂仁者集神樂大成也惡生於心心即苦海罪劍於內百千殃械應時肆陳則惡自歎自罰矣吾犯一戒自招一孽放恣無法則是地獄而刑也何者吾旣違天命即吾自羞恥心告訐證我我刻役辭乎即我自憐懼心桎梏困我我胡能逃乎自性天

理審判按我罪我我可以賄賂脫乎可皆走者慈有乎則哀痛悔慘種種諸情四向内攻殃毒無方我何能避哉躲人者不得躲已逃人者不得逃已故曰逢艱憂賢不肖無大異苦樂均也則請併睹其膚視其臟其肺肝脂其胃視其心炎炎乎不因外患攻其樂小人不據外榮懝其愛也若然德慝之徵在身内不由身外豈不信夫余曰固也凡生覺之類不論靈蠢行本性之順自忻愉遇已性之逆自哀慽矣例凝而飲食滋液洗腆則甘嘗焉倘乏其所嗜或啖食草其渴飢收聚仰委頓嘔逆焉此何故也造物者之與

殖物以就其生育而避之乎失養也軀殺之所飲
食之罪行物主引之以味而靈神之祟作德之備行
無味乎必踐道即心休焉違道則心厄焉夫然後天
主賦我本性靈才本善無惡足著明矣但德之味誘
民以從德非以是賞德功也惡之罪以沮人勿爲惡
非以是罰惡之咎也世主致其從命者方命者復毀
賞罰將由君何故此蒼生之一從一順逆天命之報備
由己畢不關天君哉家有[illegible]主人置酒召客命樂
工陳歌舞樂工編歌舞踊終日變聲趨客娛樂而矣
卒燕主人嘗訶樂工曰汝今日奸歌妙舞以娛樂無

量也吾弗子若道乎仁者既集德之神樂大成洵自愉悅然本以娛樂天人也即天地之主豈以仁人自愉悅竟無他報稱用酧其無涯尊情也歟子曷不察上國故典也三載考績三考黜幽陟明且有五服五章五刑五用以賞善罰惡曷嘗曰賜義奸宄禦人國門之外者身歷險艱且勞勤困苦有餘刑柔舞俟吾法律誅戮之耶又豈曰幹國澤民忠貞之士縱慾勞績自謀德不圖報矣作德日休已自享其福樂國家無煩表門閭勸旌賞不必詔之以祿而豐其爵耶夫人知行善之愉悅不足以報德爲惡之況悴不足以

責矜而外設法例以命以討厚售其術詎不知天上
君法例愈精愈備乎 君考臣功視勲庸又視國力乃
賞焉然國藏微矣上德嘗不得其酬也故有不賞之
功上帝六合之主其能無盡以無付數給人未滅其
所有之毫毛則毛被德之特德乃獲其盡報焉西國
史記曆山王至興盛一日丐者進前乞捨王予之萬
金丐者辭曰小人得數鐶幸甚於微分外如此王曰
汝第知丐子承數鐶捨則足矣何復知曆山捨人不
萬金不可哉命悉予之夫天寥廓之主寧若地等氣
象禍小哉俗之弊乃獨尚耳聞目見爾已不知其爾

目所不及之福樂也惟驚駭本世刑災不慮此世後殊凶極殃矣龔大參曰虛中忻際其身後患不堪問惟願聞來世真參何如余曰夫天堂大事在性理之上則人之智力弗克洞明欲達其情非據天主經典不能測之吾察天主經稱天堂者居彼之處一切聖神其無六禍此世中無人無其一具有六福此世中無人有其一六者一謂聖城則無過而有全德也世道莫盛乎聖人聖人行世猶以寡過爲功況其次乎經云義人一日七落者遺也循義之人于小節每日七犯則不循義者於何如也世途險滑道心惟危稟氣衰弱性理[illegible]

以光乎凡自云無過過亟矣居天堂者已臻其域安發光明無惑無屈潔淨庸正中立不倚無過矣侍世之尊君其衣必靜嘉侍天尊其心無垢塵也且世人不但過失稠而義行又疏也行窮年困攻一慝不去有盡年懋改一德德不往故自少訖老幸得辦二三德行民仰而稱賢矣孰則具辦道德大全耶若天上君子道純則德備也比之如下庶所蓄糧者秕糠已去惟精鑿是存比之如上庶所蓄財者渣滓既銷惟兼金是儲矣是以一曰聖城也二謂太平域則無危懼而恒恬淡也吾于世有三仇焉本身一世俗二

[illegible]其三者同盟以害我矣本身者以聲色貨味以怠惰放恣媮佚闇溺我于内矣世俗者以財勢功名戲樂玩好顯侵我于外矣鬼魔者以倨傲魅惑誑我眩我内外伐我則我于其間亟于防守迎于抵拒自不遑暇息矣嗟乎區區一心上畏天命下懼不尽之變左恐覆于險難右憚逃于佚欲前怵往年積累多愆後惕來世未決大凶内悚于已外驚於人誰得不皇皇乎使吾不肖耶憐惓于克巳之功窘于三仇之勢而委心奉之雖得暫安而實奉敵讐之逆命反天主之正命爲患大矣使吾爲君子耶立志存正而逕

循天命其功雖高乃仇之寇對至衆方止則常在生時功未成就畧不敢安寧矣既升天域則戰陣已休功績已立釋干戈而特享其榮賞恬無事也故曰太平域也三謂樂地則無憂苦而有永樂也世人不求憂而憂屢至勤以尋樂而樂罕得憂已至力求以雪之而憂反自熾焉樂既來吾慎以留延之而樂愈速消滅焉茲真爲苦世何疑哉且世樂者五官受之受之全賴此身身沒世樂亦滅矣譬如葛藟纍樛木耳木偃什葛藟無自立矣今人八十爲耄上壽也鮮得焉縱得之較之常生得幾何長乎又八旬之中且得

全享樂歟請計其實數以著世樂之妄焉嬰兒時無知覺則孩提之年竟無樂也七十以後大槩身疲勞目眯耳重口不知味已失享樂之具即逢樂事無以樂矣八十之中除其初末各一旬聊可樂者六十年耳夫人寤則能樂寐則畢不省事無樂焉世習懶惰未厭夜寢猶恥晝眠故日之大半為寢所得而六旬之徑醒且樂者僅三旬也及三旬之徑計幼時習藝業屬父師之紀束急于樹基時被夏楚樂無由至壯而承其家任易其稼穡鬻其妻孥酬應萬事另云苦樂乎或暇日微及之其間孰不遭父母兒女之喪乎

孰不值水旱饑饉瘟疫之災乎誰久身安無瘡疖無傷殘無楚痛乎此皆非樂之時焉如是展轉淘汰三十年中日每十得樂其一幸甚矣則一生之樂曰不亦希斂夫世　之憂至極聊帶微偽樂耳若天上釐無憂焉憂于是處無根無種故無從發前而全為樂也聖經謂始進天門者曰善僕汝忠入汝主之樂矣言此世之樂微少則樂入於我中彼處之樂廣大則我入於樂中是以曰樂地也四謂天鄉則無冀望而皆充滿也人類本天民其全福獨在彼耳客流于他界故常有本鄉之望常歎息之既未得其本所則有

欠缺有欠缺則有希冀有希冀則明其無全福全福無冀也吾人衆性所欲必得無窮之美好乃慰耳世所謂美好者咸微眇咸有限焉則吾性于是不得慰滿不得其所欲得矣故人以爲世界缺陷福樂不足是乃實理實情不足異也倘以世樂自滿足此眞足異耳譬如王行上嗣宜君大邦而自安寢陋之處行役度生且恬然不思復其尊位不亦異乎吾人本國天國也天國土乃吾世人大父而吾儕乃自忘本國逆嚴尊大旨惟蕩流殉世卑賤之務是湛是悅兢仰而不深加歎恤乎哉吾旣歸天鄉大小之欲無有不

遂所宜享福非漸次分取之惟合併全受之[illegible]
冀望也蓋天上君子分外不得而圖不得而[illegible]
享福者有巨細品級卻皆充滿比之如大小瓶各以
佳液飽滿斟酌故無增加之覬覦焉衆人為伴侶為
昆弟相視如指已身也常得其所願而不得願其所
不能得也是以目天鄉也五謂定吉界則無變而常
定於祥也夫世界人未必無成德且備也無安且恬
也無樂且永也無兇且足也第四福者未定耳經曰
無人知已在天主所愛耶所惡耶世事既畢吾青內
始定無復更動矣又逐世務者如步行江流之上無

安隱之處可印吾跡也此心作悅何道忽翻然而思
非道者也本心汝不能持矧他人乎世態恒轉如輪
焉何德無罪何安無危何靜無搖何樂無憂何陰無
殺何峻無墮何往無復則本世謂之反覆無常世特
以無常爲常耳所獲福祿惟暫借也吾不能爲之主
焉若天上吉福是乃大定不易吾可恒恃遠依據也
是以曰定吉界也六謂壽無疆山則人均不死而常
生也夫有限之生其狀近乎死也生日日消化而
不可遲留也故經謂世人曰坐乎闇及死陰也今見
在天下萬國人民與鳥獸等諸種生類百年以後大

身皆死而所者造生其生死之數正等則本世者所
之生域可謂之死域可也又其生時短死時長故西
土古賢者常呼人曰將死者呼世界曰將死之土也
常呼居天者曰不死者呼天國曰生者之地也夫人
世之壽縱修而歲月日時悉有既也有既則必死必
死則心懷死之慮畏死之慄故能死者其禍樂不得
全圓若神靈升天者則常生不亡矣是以曰壽無疆
山也壽無疆則并崩諸福俱永久不滅此天主切答
仁人之情也何者仁人德盛至死而已而其立志曰
使吾常生于世即常行善不止故天主賜之常生常

德以實其志也入地獄者不仁人亦未嘗滅亡焉不
謂之常生乎彼受罪犯人不勝其痛苦萬端則懇求
死以息殃也而不得死則其生似爲常生實爲常死
矣彼生時爲惡已熟至死乃已而其立志亦曰使吾
常生于世常爲惡不止故天主俾其永存不滅常受
惡報者報其定于惡也是則天主之法一世之善惡
報以萬世之吉凶大指如是已佛氏竊聞吾所名天
堂地獄之說又攙入吾前世閒他所剏所妄造輪迴
變化之論遂造作教法云居天堂處地獄者過去若
干劫又還生於世此奚知造物主情乎彼升天受

禍者知若干劫後將失其安樂而復生苦[illegible]
民受福雖大亦大有欠缺福固不全必生憂懼不穩
天堂至樂充滿也又非天主善妙方以振世德者也
蓋謀向道者將曰吾縱爲道至善而我大事終不得
安定不移設使人地獄受刑者知若干劫已滿其苦
將止還於元界復爲世人其苦雖大亦大有異望不
爲至極翻生喜慰非所謂地獄無量苦惱也且非天
主所施沮惡善法也蓋小人迷於欲且曰吾縱逆
道至惡而我大事不不得盡敗猶可幸復立矣此佛
氏不知情一也夫樂之時易過則見短苦之日難度

則見長此情無賢愚共達焉吾推而可識樂甚也一月當一刻苦甚也一刻當一日矣兩者又盛則樂者一年疑一日苦者一日疑一年也若天上樂及地獄苦人言不及闡發之心不及思測之則天堂之千年爲世界不能一日耳地獄之一日爲世界不啻千年也經謂天堂月天主御前千載如已過之昨日也不曰如見逝日而曰已過之日不曰今日而曰昨日若無有者然以指其短之至也謂地獄曰大日甚苦也忻之日不長惟患之日長大矣聖神實錄記昔年西上有一道會數友共居一山舍中修行一友者出入共

名道盛而天主殊寵眷之一日天神降命之入深山某星享以天筵使得天上福樂也朝往其處塗次稍淹至其所筵將徹矣僅嚌一二臠覺異常味即還詣會欲入閽人大詫之云汝何人敢闖入內也其友曰余會中友昨出遊山中今返汝何人遂不識我乎閽人奇其言請會長及諸友詳視之則無有知其名識其面者矣彼此大驚愕審問忽一老友悟曰會中記事簿稱二百年前一友名某出遊山中竟不還則此人是也覆視信然也此足證天樂千年一日矣又記大聖人額勒卧畧者昔居持教尊位十餘年矣時有

總王德應不相掩宜入地獄聖人惜之告禱天主願代受苦罰以贖其無盡罪殃也天主俯聽即委一天神報之曰代王或終身腹痛或四刻受地獄之苦二者擇取其一則可免彼無量苦也聖人計之腹痛苦不為甚恐在終身久難堪恐地獄之苦至甚而四刻之頃且幸速過遂擇地獄刑也天神置之地獄中而去聖人不任其痛之極覺踰期且遠矣即自疑悔不知可禱耶否耶抑罪應入地獄竟不得出耶既而天神往見之問何如曰何如此大欺我先謂四刻暫耶而乃使我受苦萬餘年乎天神曰何謂乎向者至今

止二刻耳更如許則迄期矣聖人聞之大駭搖首曰已矣請終身腹痛則輕于地獄之一息也北其後領肋卧畧果終身腹痛也衆人知其病必知其緣也以是可觀天上地獄之年日不同而佛氏曰入地獄受苦若干劫止雖長固不爲過惟曰居天堂若干劫即遷逃之甚也此佛氏不知情一也嘗今識眞天堂所有六福所無六禍常久不滅者則天主賞善報德其賞法意也世界無斯六有斯六世界無眞天堂矣夫治今與治後兩世一主耳吾人之德業德報兩世一功耳今者爲行路後者爲詣域西聖人設兩喻喻是事

理甚著明也一曰務德業如造大廈木石諸材雜散層疊顛倒失序愈營華美之處愈受斧鑿廢未成故也廈成則峻美者萬年峻美卑陋者萬年卑陋今世人位淆亂不可因所居位即徵其德否也善者頻患苦不善者多安樂如司馬遷稱顏回盜跖之倫世世有之惑者或曰世無德慝或曰禍福莫測命皆設也明哲之士乃知善者無位用以增其德而積其功耳終當結天縱於庭不須惆恤之不善者自得非其位用以驕其慝而倍其罰耳終將寘其下處殊化可憐矣一曰譬之如樹木隆冬時佳惡無異非其時故

也常有菀枯二樹同植於苑俱無花葉俱無果皆以判生死則此時特內異耳一則根存液汁生意勃然而一者根已朽液已乾凝然死矣春夏既至人方辨之生者即萌蘖怒生沃然光澤灼灼其華蓁蓁其葉有蕡其實也彼枯木者既負場圃則從采束燃之則斤斫斧鉞析而付之爨耳吾人既役役業勤奉天主大教豈即榮倖乎豈即身無疾乎家無虞乎與不奉教者無大異焉則汝何不俟其時乎彼其根液內充汝不得而見之是本世也亦為人之冬耳迨來世乃其春夏矣則善惡者之所受始分明焉善者則

發其身所生大光輝視太陽已倍甚焉目得見此世所未見景光耳得聞此世所未聞聲樂口鼻得啖嗅此世所未啖嗅味香四體得覺此世所未覺安逸也冬已往而爲春夏者無量年榮茂無替矣惡者既負天主重恩爲天神所厭惡則其身神變成黑醜貌相類鬼魔爲如不材枯木爲之地獄爲薪燎以供其永爇爨火耳其苦痛萬端非言所及也前世小患已畢而後世大患無限矣論子無疑乎經及聖人解言也

大叅曰竊聽精論即心思吾中國經書與其邦經典相應相證信眞聖人者自西自東自南自北其致一

耳但貴邦經典全存故天堂地獄之說致爲詳備吾儒書曾遇秦火焉于卯之乎故此儘餘大多殘缺而後世之報應具不明不詳焉因而使儒者疑信半混之有無之間也然有能據今經典推明其說亦足與天教互相發也詩云文王在上於昭于天文王陟降在帝左右又云世有哲王三后在天又云秉文王之德對越在天召誥曰天既遐終大邦殷之命茲殷多先哲王在天經載是語以示身後上升天堂以弘德享弘報而世反疑無天堂豈周公爲矯誣上天及祖宗且以疑誤後世乎三王爲德必有及身而誠俯仰

不媿之樂于內而天猶從而榮之以至尊之位于外
又錫之以天上福何也則子言身後有天堂燦然白
矣周公仲尼老聃三聖之賢不下三王而于後世帝
王遠矣而不得尊位則天未必以世之富貴酬德而
咸令永享天堂樂又可知也三王周公仲尼老聃既
已在天則夏桀商紂盜跖歷代之凶人何在乎暴虐
奸回不地獄安所置之哉有此賞則有此罰有此人
則有此賞罰之處天堂地獄相有無也信天堂不信
地獄其有陽而無陰造化安得運流乎惟中庸謂舜
云大德必得其位必得其壽得無以是爲德之報耶

余曰固嘗言之天主者前後世禍福之原豈不能以
世禍報德于思于誘世于德見世人重位嗜壽即指
人所期望之報而揚厲之但不可以是為常以是為
至報焉故不曰仲尼無位顏回無壽必無其德也布
世外無他報惟位與壽為至報焉則正位之後所立
功德何以償之乎為道之故致命遂志此之為術賚
誰乎余竊觀賢者位彌峻壽彌修其心彌勵其身彌
勤則意者天主施彼以世福并酬其德之功也惟以
廣其功耳酬德固在後也吾西偏庠校所論休戚大
與他校也其言曰黃白出諸深坑珍珠採于海底美

玉韞之石璞凡諸珍寶物每舉諸窮險殉德爲至寶
必不可得之于安樂矣德者安地而尚德之道至危
難也有育身之道可導我以育心者身無恙了無作
務惟事閑居宴安鴆毒劇于病時何者閑居則飫飲
食飲不得其養勞身則餒餒則甘飲甘食雖粗淡常
得其養爲心不勤動以事道是不害德味不害其養
也貪得者愈得愈欲得嗜德者愈德愈閒德氏之來
彝好是懿德豈于積財不厭多于積德猶須乎道
以行成名耳在道者固利乎進不利乎止利乎速不
利乎淹聖經曰天道狹天門卑進者鮮矣汝索德于

自寬之地縱自高跡從衆不從賢恐非其路而難入天門矣生知者寡而學困者多世世然也故憚苦避勞而成爲大丈夫者希矣苦勞也爲萬善母安樂乃道德之賊止水不流不動必生蛆而敗故謂世樂爲仁人之苦仁者以是爲敵讐矣弱劣之輩入德無因焉其聞道語爽心驚魄如卒無膽氣聆鼓聲以接戰也昔賢將幼年之迷于色者遂退而去或問之奚不化誨斯人乎曰新厤不上節也夫取樂而爲慝者常念樂之忽逝而慝之獨留永久遺悔辱于身也行苦而爲善者宜釋苦之忽往而爲善之德永久遺光榮

于心也蓧祿聖人曰以瞬息之輕勞致吾無窮之重
樂也予敢轉其語曰以瞬息之輕樂招吾無涯之重
苦也若此兩言讀不當用爲終身箴儆與且天主經
自始迄未無不戒人安于逸樂如陷水火也嘗誨人
以今世眞福八端一一由劇艱趨義耳今惟述第八
則子自可知其餘也曰爲義被窘難者乃眞福爲其
已得天上國也生靈之類無不屯苦若爲利祿爲功
名爲邪淫及種種非義者徒屯苦矣若爲天上爲義
而受窘難此乃福也故謂已得天國矣茲且未躋下
界尚未到謂之已得天國耶已積其賈也夫爲義之人

荅之以讃譽以贈貺以徽崇以祠宇以碑記皆足爲
福而非眞福也將懼吾以是斷生矜傲反足敗德而
後祈天主賞天主卽曰汝曾得汝報已惟行義者竟
無計賞且人反報之以毀以辱以讐而吾惓惓操節
無悔此乃上品德耳人輩無以荅之今乃爲天主所
酬必盛必重也所以天主敎士以德報讐宜也不以
讐爲讐且用讐以資己德也金無煉不成精美香無
爇不生郁烈君子德不得小人之窘難無以致其成
就鴻聞于天下也厄邦所産木有一種曰巴耳瑪華
言掌樹也性與凡木每以任重任重則曲凡木之曲

曲而向下掌樹之曲曲而向上故戰勝有功者班賞有掌樹之枝焉蓋曰勞逸觸敵自然奮增不奮增非勇也凡德以屯患爲砥用自磨厲也不畏劬勞何功不成乎視苦如樂視樂如苦苦樂化齊不爲所動不爲所屈而反精粹斯亦爲德者之掌樹已是故哲教中聖賢習求勞困甘乎倨人下且必樂也或爵后王君公尊位重祿而終身順聽師命躬行賤役自古節丹受凌辱以扶難拯迷者或豐家盛財久習安樂守殺衣美而盡施於窮乏之身行乞於衢市食淡服麤糲因堅勞淋地危責體膚或在鄉文業已成反行周遊

而離父母國背骨肉親各流遠方煩劇身心頗滋多矣以談道勸德傳修陰騭或孝顏足逢世而棄俗業者以闢邪教修言天主正傳甘心服殃罪命刑下也皆有聯攸忍并謀歇息惟以耐以勉以久受勞苦皆為什謀信義之故生死逆樂就苦耳倘有懶以弗述拂忘之事慨自省察恐或得罪天主為所棄也益伏低首勞之下則是為彼抑殺若痛踏苦勞身行其上是以苦勞為十大階矣吾國人見學士者千數百年以來無與論無與行以此為常無議之為非人情也倘以是為衆庶所怪則明哲者因是益尊尚之矣夫

答曰施我富爵安樂名譽顯達則我不得已始受之施我貧賤憂患鬱沒無聞則我領其意忻然取之此中國未聞奇範也此範得見尊尚以爲道何有乎子能行此說于中國民不治而治矣人所爭競者財耳位耳功名耳苦樂資耳除爭競之薪彼閗亂之火從何而熾乎則太平自久長矣雖然身所甘受之苦身自取之則苦不爲苦吾惟樂之是避即樂反爲苦也且苦既習也亦無不樂也則賢人者此世亦樂矣後世亦樂矣

妄詢未來自速身凶第九

昔余居南粤之韶陽郡所交一士人曰郭某其尚德慕道非庸俗人也一日踵余門涕淚交頤而曰吾來辭吾師不再見矣余怪問所往曰將去世也余驚而曰子年未耄體壯甚何從知壽命當終如此其亟乎曰往歲之犬馬齒五十有五時遇高人談星命如神爲我推筭預説後來五載事也其吉者未必然凶則言言驗矣謂命終之期曰今年四月中必不得免焉今月内果乃夢見諸不詳豈不爲徵應乎嗚呼客歲吾滿六旬方産一子今已矣獨此呱呱泣者誰顧育

之痛夫余憐其悞也歎頓足惜之語竟大息而慰之曰此世間至虛至妄無若星家之言與夜夢所見兩者而子以爲實然以爲定然不亦爽與曰賭其孚得無信乎余曰拙工盡日射固有一二中的非巧也其偶得也奚獨人乎以數卬五木而問之數捷之必有一二合者星命之允觧夢之符則拙工之中五木之合耳況星家之輩有種種巧術傳遽鉤致能無合乎然終不合者多也有人于此十試之有二三焉以黑爲白以晝爲夜吾卽知其爲瞽人夫星家與夜夢者無日不混黑白晝夜紛紜其云而令我反爲之眩瞀

目爲神靈何與以多妄不爲妄徵以二三偶合即爲
信徵乎此無他乃帝之刑僇以譴責不肖子敢徼違
不可違之天命者也吉凶是非之應耳吾無是非非
自爲之豈有吉凶非自招之乎天下無物能強汝爲
惡則無物能強汝入凶也是故人心強于星也星家
既不知人之善惡豈宜妄言其知人之禍福乎汝冀
吉忌凶我何獨不然惟逆吉避凶有道改惡遷善耳
矣汝染惡不思洗見善不圖行乃欲僥倖免禍受福
星家縱予汝而天主鬼神正理必不予之汝猶望得
之與悠悠之俗錯指禍福吉凶久矣無不以富貴爲

福以貧賤爲禍以生爲吉以死爲凶錯指之又錯擔
取之若是之吉福凶禍忠臣孝子難遇難避也而此
間欲論道何由哉吾從君父家國之難則義當急拯
之問星家曰吉我往曰凶我不往乎大小萬事皆然
則何徒問之爲夫善惡是非可否惟賢智者能審明
之吾有疑叩賢智者而問之則能謂汝擇地而蹈焉
彼何人斯能許人大福而先索人少財何不自富貴
而免居肆望門之勞乎自詫知未來百數十年曷不
識今茲足下乎吾儕所踐土下多有古藏金寶何不
掘一孔以自資而巡路求人乎則彼將曰非其命不

得而取之嗟夫果非命不得取有命不得辭安用推
算為彼是人者豈不亦明知其為虛為誕而不耻以
是為業則吾能信其為天神所寵異詔以未來之奧
幽乎夫又奚足謫也第有人焉甘以自欺又廿以欺
人強令信此為術修言某人不信星命不能時日而
死而不言萬人深信之事事差擇亦死矣無理可據
惟贅述星家先言後允故事眩汝聽焉則汝曷不信
正理而令我信若人所記所所虛誕哉且星家所自來非
中國賢聖所作有陰計有邪法鬼魔暗佐令推得隱
事或自作迷人事正人以是故不屑求之曷足信從

與上帝恤生靈之勞于晝則使之夜寢以宴息無事焉詖人不以夢爲夢而强欲謂之事不負上帝慈旨而自作孽乎有人偶誑汝以一二虛言其後有實言不敢即信之夫夢昔昔皆謬亂偶一合則爲實事乎郭生曰星家誠妄吾往者故不信之惟此人先說吾數年未來凶禍若神不敢不信焉一二偶合也一一合焉云偶乎余曰痛夫子知往數年之禍胡爲來乎彼授之子擬之藉令彼不言子不信畢不來矣則子之問彼也自求禍也郭生大訝吾言問曰何謂也余曰吾初入中國竊見大邦之民俗酷信星命地理之

術愛其大害而莫之覺甚惜之遽有意爲說適之術
復睹土民舊俗安于故習已非一日吾材質下不敢
以攙土謀逆塞江流也然頗有俊士祗慎其行知凡
事行止當豈實理不宜以庸人之度度之也因而番
問㴋國庠校士人風習吾論其大誠及天主教所禁
止無不稱善而憬然忖悟願改前失斷絕種種自作
之害也子能聽愚言其存命不難耳郭生蘇然喜頑
耳以聽余嗣曰夫身之安危咸賴心耳故名爲心君
其居身中如君于中國焉人値憂懼之耗不論眞僞
即四肢血氣悉來護寧其心如兵將分列四外一聞

事變亟起京師扞衛君主也以故人懼則面色青白四肢搖顫良由血往于心不在肢體故耳若惶懼太甚血氣迫聚于心反變逼之令心氣遽絶故有因懼而死者夫民之貪莫切乎貪生則其懼莫切乎懼死也吾儕永居百險之中無處安妥則其危事易信焉故忽聞之不暇繹其眞僞駭懼急發不得止矣恍聞之音惚見之影屢生心之大傷也夫懼之病最難治也療之愈增也謀消之愈長也遇將蹈之患乃重患也何者懼患亦一患也則懼患者是以患加患也豈惟加之懼患之患頻大于所懼之患者也故曰不知

以怨受灾者至灾也諺云信之則有不信則無正謂此等虛妄事耳若實事者彼既實有汝縱不信何由得無乎然虛妄之事若言吉福亦非信之所能得有惟是所言凶禍之事因懼生灾以爲驗耳何者汝信彼言當得吉福汝則喜悅人生吉福固非喜悅所能招致汝信彼言當得凶咎汝則憂懼憂懼之深則生病患其應若響汝向固云吉未必然凶則盡驗不其然乎吾行于地所必須者惟地八寸以持足耳然有八寸之木置絶高處令汝践之縱無人推墜自傾覆矣使置木于平地則汝疾趨其上無恙也此何謂乎

豈木在高則狹在地則廣哉惟天養人以從容耳見窄則亟矣故八寸之外苟有餘地乃安行也子今信妄人之云是則已命乃在八寸地耳意無餘地于行何得不急傾倒乎西國中古有一國醫論其時俗虛言熒惑大爲民害國王大臣竟未信之彼醫乞以王命往拘獄中罪人宜受大刑者來可徵驗也王聽許之罪人至庭醫謂之曰汝法重情輕斫首鉅痛王實憐汝我國醫也有術于此用鍼刺脉微漸出血畧不覺痛已得死矣王既許我汝爲何如囚乃叩謝但幸不痛安意就死醫則以曾帛障蔽其目出其臂刺以

若鍼了無創傷亦未出血別用錫器穿底一竅管、之
其中令自竅出承之以椀僞爲大聲曰血已出矣人
身止血十斤耳如是出者八椀則死矣如是每椀以
次傳報四聞水聲又聞傳報信謂血出漸次衰弱報
至八椀完其死矣衆視其身實無傷也王始信國醫
之說眞實理論駭懼之言不可輕發不可輕聞焉則
以嚴法大戒國民而禁帯僞術迄今不得行也嗚呼
造物者天主大慈也罰罪中不忘其悲心故藏世人
未來凶咎于天命之寂寞不忍預苦之而使人又鑿
其空陰固欲拔之以疊其罪以速其禍以重其苦乎

郭生曰卜未來喜其吉不懼其凶不亦可乎是故古人屢卜而無所傷焉余曰卜不卜在我懼不懼巳不由我矣聞灾候至而不懼聖人難之凡人能乎故不若不卜矣夫古之卜非今之卜也古之卜筮以決疑耳今者惟僥倖是求耳善惡之分易審二善之中指孰善難也于是決之以卜筮卜筮者以訊二善之孰善者巳故春秋惠伯曰易不得以占險也洪範曰汝則有大疑謀及汝心謀及卿士謀及庶人謀及卜筮古之卜最後也今之問星命最先也大誥曰予曷其極卜敢弗于從率寧人有指疆土矧今卜并吉可見

問公不以卜爲重也曩者子無二善之疑可決則徒卜不可況問星命以犯天主首誡乎若曰命在天主之上非天主所已定則謬莫大犯愈極矣若曰在天主下原爲天主所定而令小人用以取小財造作小術便可測量亦侮天主不淺矣人心不可測而至神之深旨可測乎郭生聞吾言大悟即拜謝教曰吾命也吾師實更生之不聞大教枉自斷棄耳自今以後兒復得父婦復得夫一家安全敢忘所自乎余乃引至天主臺下叩謝丁寧之必勿聽五星地理諸家虛誕浮說惟正心候天主正命也郭生別後了無恙踰

四年又得一子。姒八旬猶健飯不減昔日也

富而貪吝苦于貧窶第十

余居南中時一友人性質直其家素封貪得而吝於川識者慨惜焉余爲說誡之曰貪得者或歷山谿或渉江海或反上於田畝習武者損力于弓矢冒險于戰陣習文者疲神于書牒煩勞於政事皆曰吾欲且聚財俾老弱獲賴耳此效夫蟻者也蟻蟲之智也以小身任大勞夏勤力急捔穀食以爲冬儲入其垤弗肯舍之出矣汝之情孰異于此徒欲以富上人耳無暑無寒殖貨不厭不亦異哉以積增積彌得彌欲欲與財均長焉汝庾藏粟幾萬鍾而腹幾許大於我能

容乎循塗負穀而齧諸未必多茹於不負者也如曰吾取於大廩有味乎所取則一也於巨廩微廩奚擇焉余儕所須之水止一缾耳汝意將必酌之於大江不酌之於涓泉倘臨江而值暴風水大至波浪崩江涯汝身陷水中誰愍之乎知止足則不酌水於濁流又不失命于波浪矣欲者在衣食之內則可越衣食之外是則無定無止焉貧者之所乏也寡貪者之所乏無限矣萬金重貨也有以艷羨得之有以不意得之而者孰高乎財之於用如袋之於足也適度焉爾大窄則拘迫長則傾倒耳若財能增智減愚則世俗

容踰于我者吾耻之然吾覌智非因財長愚非因財消也衆人昧于似善而非善者曰富善于貧求財不已也吾身榮辱在財盈耗耳財愈多人愈重我也貧人終身受辱也噫嘻寡有非貧匱多欲乃貧匱耳多有非富足寡欲乃富足耳夫財繼盛不滿汝欲汝以為薄焉如此豈不常居窮哉除此欲心則罔貧矣貧者安于本分則富矣貧者缺財以為不足富者嗜財亦以為不足也財免我何災乎財之禍自不能救矣財者習逃僕耳雖以繩急縛之借繩而走矣嘗豈人以守財而守者攜財而遁矣夫財本虛物如其實

也何不能羞得者之欲乎如有甚渴者終日飲水而渴不息必懼而覓醫汝久嗜財聚財得之滋多嗜之滋猛何不懼而覓醫乎凡患疾用所嘗服藥弗瘳必懼此藥也或反致傷耶弗服矣嗜財之疾醫以聚財之藥弗瘳何不能捨其藥耶夫善者善得者之心者也財也婦人欲培驕矜反謙遜速諛諂拂直言振侈泰誘邪念非善甚也孰如富而存貧者之節乎夫財與德不共存之物也慕財之事乃世俗之大害也君子倘不以得順其所欲即以欲順其所得不屑于貧不慼于富茲所以為君子歟嘗有富得而弗享其所

已得生平居患而弗得脫也吾若之何哉西邑古有一人富而甚吝所衣穢衲賤於奴虜過市人揚聲而指誚之渠曰彼誚我我還室私視金滿篋自樂矣陋哉誌傳載一富家甚吝後懼滅其財則舉其資產盡鬻之得鼓萬金成一巨鋌埋土中自拾林下若葉食之旣而盜掘以去痛哭於藏所不已有鄉人慰之曰汝有金旣悉不用之今覓一巨石大小與金等代汝金埋之土中則同矣奚而痛哭如此汝今已得若干萬金以百重所固收之笥篋中閉而不用則或石或金在笥篋中何異乎此如但大氏之渴也而不得飲

近水焉古有云但夫氏生世饕惏而吝然罝地獄中不受他刑惟居艮水澤中口不勝渴水僅至下脣豈夜欲就水隨口所就其水輒下徙煩冤不獲飲之是其咎殃焉汝何笑耶後人將以但夫氏事轉謂汝哉汝内嫌僕者外防盜者勤於扃守夜不敢寢恨徒利未暢則節食補之而饑不餐也惶惶遂逐自勞自苦耳古語曰汝詛吝者何禍乎詛其長壽而已親戚朋友鄉黨俱避匿之厭惡之惟願彼速死無有沾其潤者故也吝諸已胡能捨諸人乎吝如牢豚生而穢濁人不屑近惟俟既死乃益于人焉吝齋之汚亦無

親人既死之後人利其財與貪與吝相隨貪必吝吝必貪如人已死毋望之言若人已吝毋望之財專于殖貨者毋思盈一數數盈即思減缺以此為念則常覺減缺所有所無爾俱乏焉有人于此聚篙楫帆檣之衆而了無艘艇之用集鑿鋸斧斤之廣而絕不為梓匠之工貨筆研楮墨之盛而竟不為文字之需不謂病狂者與汝今積金無數而一不捨用而自以為智乎汝何不明哉財之美在乎用耳豈宜比之如古器物徒以為觀如神像以祭禱而已哉此非汝獲物物反獲汝也財主使財財僕事財為人之僕人猶愧

之而爾安爲小物之僕乎上古之時馬與鹿共居于野而爭水草也馬將失地因服于人借人力助之因以伐鹿馬雖勝鹿巳服于人脊不離鞍口不脫銜也悔晚矣爾初亦不知而惡貧且借財力以尅之治貧巳去心累於財戀財爲病且爲財役矣曷不如馬悔乎吾西土昔有一人忘其名富而愛財甚乎身命俄而病篤于治療久之增劇熟寐不醒其友醫也哀而謀醒之令家人設几席其榻前取鑰發篋置金几上其親戚皆手權衡爲分財狀其友醫就病耳大呼其名曰汝瞞而不顧汝財人將瓜分之病者聞若言

迅醒而立曰吾不猶在乎病小間醫曰今病已愈但膜弱須服一丸藥即瘳病者問丸之值曰一金病者怒罵曰此與盜者何異醫退而立欵奈何哉不久則欵亦將踵汝門豈可以賄賂辭耶所葬槖中金能携乎吾於此不見人無財見財無人也吁財無人不知人無財是以吾慘傷之爲此纂言三昔不寐思還汝於汝祈汝片時視而思歸也吾友聆勸恍然有悟即捨殖貨之事焚其會計具而慷慨求道余爲欣然廿九日焚之初一日復製新器理前業矣悲哉

附西琴曲意八章

萬曆二十八年歲次庚子竇具贄物赴京師獻
上間有西洋樂器雅琴一具視中州異形撫之有異
音
皇上奇之因樂師問曰其奏必有本國之曲願聞之
竇對曰夫他曲旅人罔知惟習道語數曲今譯其
大意以
聖朝文字敬陳于左第譯其意而不能隨其本韻者
方音異也

吾願在上　一章

誰識人類之情耶人也者乃反樹耳樹之根本在地
而從土受養其幹枝向天而竦人之根本向乎天而
自天承育其幹枝垂下君子之知知上帝者君子之
學學上帝者因以擇誨下衆也上帝之心惟多憐恤
蒼生少許霹靂傷人常使日月照而照無私方今常
使雨雪降而降無私田兮

牧童遊山　　二章

牧童忽有憂卽厭此山而遠望彼山之如美可雪憂
焉至彼山近彼山近不若遠矣牧童牧童易居者寧
易己乎汝何往而能離己乎憂樂由心萌心平隨處樂

樂心幻隨處憂微埃入目人速疾之而爾寬於申心之雖乎已外尊已固不及自得矣奚不治本心而求安于故山也古今論皆指一耳遊外無益居寸有利矣

善計壽修　三章

善知計壽修否不徒數年月多寡惟以德行之積盛量已之長也不肖百紀孰及賢者一日之長哉有然者其身雖未久經世而足稱耆耄矣上帝加我一日以我改前日之非而進于德域一步設令我空費寸尺之寶可毫之集集已之咎夫誠負上君之慈旨矣

嗚呼恐日後禱壽壽不可得之雖得之非我福也

德之勇巧　四章

琴瑟之音雖雅止能盈廣寓[illegible]友朋徑迄牆壁之外而樂及隣人不如德行之聲之洋洋共以四海為界乎寰宇莫載則猶通天之九重浮日月星辰之上悅天神而致后帝之寵乎勇哉大德之成能攻蒼天之金剛石城而息至威之怒矣巧哉德之大成有聞于天能感無形之神明矣

悔老無德　五章

余春年漸退有往無復壓老暗侵莫我恕也何為乎

窄地而營廣廈以有數之日圖無數之謀與幸獲今日一日即亟用之勿失吁毋許明日明日難保來日之望止歟愚乎愚者謦目立於江涯竢其涸而江水汲汲流于海終弗竭也年也者具有翰翼莫怪其慾飛也吾不怪年之急飛而惟悔吾之懈進巳夫老將臻而德未成夫

胷中庸平　　六章

胷中有備者常衡乎靖隱不以榮自揚揚不以窮自抑抑矣榮時則含懼而窮際有所望乃知世之勢無常耶安心受命者有改命爲義也海嶽巍巍樹于海船

猛風鼓之波浪伐之不動也異于我浮梗蕩漾竟無內主第外之飄流是從耳造物者造我乎宇內爲萬物尊而我屈已於林總爲其僕也慘兮慘兮孰有抱德勇智者能不待物棄已而已先棄之斯援于其上乎曰吾赤身且來赤身且去惟德殉我身之後也他物誰可久共歟

肩負雙囊　七章

夫人也識已也難乎欺已也易乎昔有言凡人肩負雙囊以胷囊囊人非以背囊囊已懸之目俯下易見他惡回首顧後囊而覺自醜者希兮覘他無乃能請

視己失即瞽目兮默泥氏一日濫刺毀人或曰汝獨無咎乎抑思昧吾儕歟曰有哉或又重兮惟今吾且自宥兮嗟嗟待己如是寬也誠鬧矣汝宥己人則奚宥之余制正法人亦以此繩我矣世寡無過者過者纖乃賢耳汝望人恕汝大癰而可不恕彼小疵乎

定命四達　八章

嗚呼世之芒芒流年速逝逼生人也月面月易月易銀容春花紅潤暮不若旦矣若雖才而才不免膚皺弗禁鬢白衰老既詣迅招凶夜來瞑目也定命四達不畏王宮不恤窮舍貧富愚賢槩馳幽道土中之次

三尺假手兵王于同場兮何用勞勞而避夏猛炎奚
用勤勤而防秋風不祥乎不日而需汝長別妻女覩
友縱有深室青金明朗外客或將居之豈無所愛菻
園百樹非松楸皆不殉主喪也日漸苦萃財賄幾聚
後人樂侈奢一畨卽散兮

刻交友論序

西泰子間關八萬里東遊於中國爲交友也其悟交道也深故其相求也切相與也篤而論交道獨詳嗟夫友之所繫大矣哉君臣不得不義父子不得不親夫婦不得不別長幼不得不序是烏可無交夫交非汎汎然相讙洽相施報而已相比相益相矯相成根於其中之不

容已而極於其終之不可解乃稱爲交世未有我以面而友以心者亦未有我以心而友以面者鳥有友聲人有友生鳥無僞也而人容僞乎哉京不敏蚕溺鉛槧夫遑負笈求友壯遊東西南北乃因王事敦友誼覲西泰子迢遥山海以交友爲務姝有餘愧爰有味乎其論而益信東海西海此心此理同也付之剞

劂僉觀者知京重交道勿恐見棄即顏未承詞未接願以神交如陽燧向日方諸向月水火相應以生京何敢忘德交友論凡百章藉以爲求友之贄

明萬曆辛丑春正月人日盱眙馮應京敬書于楚臬司之明德堂

大西域利公友論序

昔周家積德累仁光被四表以致越裳肅慎重譯來獻周文公讓而不居曰正朔不加未敢臣畜于是以賓禮賓之而周官王會著在史冊自時厥後漢通滇積唐聘海邦雖亦殊域並至德感鮮稱故庭實則繁而論著罔列洪惟我

大明中天冠絕百代

神聖繼起德覆無疆以致遐方碩德如利公者慕化來款匪希聞達願列編氓誦聖謨遵王度受冠帶祠春秋躬守身之行以踐真修申敬事

天之旨以裨正學郎楚材希憲未得與利公同日語也
萬曆巳丑不佞南遊羅浮因訪司馬節齋劉公與利
公遇于端州目擊之頃已灑然異之矣及司馬公徙
公于韶予適過曹谿又與公遇于是從公講象數之
學凡兩年而別別公六年所而公益北學中國抵豫
章撫臺仲鶴陸公留之駐南昌暇與
建安郡王　殿下論及友道著成一編公舉以示不佞
俾為一言弁之予思楛矢白雉非關名理而古先
王猶頒示之以昭明德今利公其彌天之資匪徒
寓股習

聖化以我華文譯彼師授此心此理若合契符藉有錄之以備陳風采謠之
獻其爲國之瑞不更在楛矢白雉百累之上哉至其論義精粹中自具足無俟拈出矣然于公特百分一耳或有如房相國融等爲筆授其性命理數之說勒成一家藏之通國副在名山使萬世而下有知其解者未必非昭事上天之準的也

萬曆已亥正月穀旦友人瞿汝夔序

交友論

歐邏巴人 利瑪竇 譔

竇也自最西航海入中華仰
大明天子之文德古先王之遺教卜室嶺表星霜亦屢易矣今年春時度嶺浮江抵於金陵觀
上國之光沾沾自喜以爲庶幾不負此遊也遠覽未周返棹至豫章停舟南浦縱目西山玩奇挹秀計此地爲至人淵藪也低回留之不能去遂捨舟就舍因而赴見 建安王荷不鄙許之以長揖賓序

設醴驩甚　王乃移席握手而言曰凡有德行之君子辱臨吾地未嘗不請而友且敬之西邦爲道義之邦願聞其論友道何如竇退而從述曩少所聞輯成友道一帙敬陳於左

吾友非他即我之半乃第二我也故當視友如己焉

友之與我雖有二身二身之內其心一而已

相須相佑爲結友之由

孝子繼父之所交友如承受父之産業矣

時當平居無事難指友之真僞臨難之頃則友之情

顯焉蓋事急之際友之真者益近密僞者益疎散矣

有爲之君子無與仇必有善友如無與仇以勵儆必有善友以相資

交友之先宜察交友之後宜信

雖智者亦謬計已友多乎實矣愚人多以已友似有所衆無智者抑或鮮歟可友無多而實少

友之饋友而望報非饋也與市易者等耳

友與仇如樂與鬧皆以和否辨之耳故友以和爲本焉以和微業長大以爭大業消敗樂以諧和相鬧則失和友和則如

樂仇不和
則如關

在患時吾惟喜看友之面然或患或幸何時友無有益憂時減憂欣時增欣

仇之惡以殘仇深於友之愛以恩友豈不驗世之弱于善強于惡哉

人事情莫測友誼難憑今日之友後或變而成仇今日之仇亦或變而為友可不敬慎乎

徒試之于吾幸際其友不可恃也脈以左手驗耳左手不足憑也

既死之友吾念之無憂蓋在時我有之如可失及既

二念之如猶在焉

各人不能全盡各事故上帝命之交友以彼此胥助

若使除其道於世者人類必散壞也

可以與竭露發予心始為知己之友也

德志相似其友始固㕛也双又丌彼又我我又彼

正友不常順友亦不常逆友有理者順之無理者逆

之故直言獨為友之責矣

交友如醫疾然醫者誠愛病者必惡其病也彼以救

病之故傷其體苦其口醫者不忍病者之身友者

宜恐友之惡乎諫之諫之何恤其耳之逆何畏其額之蹙

友之譽及仇之訕並不可盡信焉

友者於友處處時時一而已誠無近遠內外向背異言異情也

友人無所善我與仇人無所害我等焉

友者過譽之害較仇者過訾之害猶大焉友人譽我我或因而自矜仇人訾我我或因而加謹

視財勢友人者其財勢亡即退而離焉謂既不以

初友之所以然則友之情遂濟也

友之定於我之不定事試之可見矣

爾爲吾之真友則愛我以情不愛我以物也

交友使獨知利已不復顧益其友是商賈之人耳不可謂友也小人交友如放債惟計利幾何

友之物皆與共

交友之貴賤在所交之意耳特據德相友者今世得幾雙乎

友之所宜相宥有限友或負罪惟小可容友如犯義必大乃棄

友之樂多於義不可久友也

恐友之惡便以他惡爲巳惡焉

我所能爲不必望友代爲之

友者古之尊名今出之以售比之於貨惜哉

友於昆倫邇故友相呼謂兄而善於兄弟爲友

友之益世也大乎財焉無人愛財爲財而有愛友特

爲友耳

今也友既沒言而諂諛者爲佞則惟存仇人以我聞

直語矣

設令我或被害於友非但恨己害乃滋恨其害自友
發矣

多有密友便無密友也

如我恒幸無禍豈識友之真否哉

友之道甚廣闊雖至下品之人以盜爲事亦必似結
友爲黨方能行其事焉

視友如己者則遐者邇弱者强患者幸病者愈何必
多言耶死者猶生也

我有二友相訟於前我不欲爲之聽判恐一以我爲

仇也我有二仇相訟於前我猶可爲之聽判必一以我爲友也

信于仇者猶不可失况于友者哉信于友不足言矣

友之職至於義而止焉

如友無也予寡有喜亦寡有憂焉

故友爲美友不可棄之也無故以新易舊不久即悔

既友每事可同議定然先須議定友

友於親惟此長焉親能無相愛親友者否蓋親無愛親親倫猶在除愛乎友其友理焉存乎

獨有友之業能起

友友之友仇友之仇爲厚友也吾友必仁則知愛人知惡人故我據之

不扶友之急則臨急無助者

俗友者同而樂多於悅別而留憂義友者聚而悅多於樂散而無愧

我能防備他人友者安防之乎聊疑友即大犯友之道矣

上帝給人雙目雙耳雙手雙足欲兩友相助方爲事有成矣友字古篆作𠬸即兩手也可有而不可無朋字古篆作羽即兩羽也鳥備之方能飛

古賢者視朋友豈不如是耶

天下無友則無樂焉

以詐待友初若可以籠人久而詐露反為友厭薄矣

以誠待友初惟自盡其心久而誠孚益為友敬服矣

我先貧賤而後富貴則舊交不可棄而新者或以勢利相依我先富貴而後貧賤則舊交不可恃而新者或以道義相合友先貧賤而後富貴我當察其情恐我欲親友而友或踈我也友先富貴而後貧

賤我當加其敬恐友防我我跡而我遂自處于跡也
夫時何時乎順語生友直言生怨
視其人之友如林則知其德之盛視其人之友落落
如晨星則知其德之薄
君子之交友難小人之交友易難合者難散易合者
易散也
平時交好一旦臨小利害遂爲仇敵由其交之未出
於正也交既正則利可分害可共矣
我榮時請而方來患時不請而自來夫友哉

世間之物多各而無用同而始有益也人豈獨不如

此耶

良友相交之味失之後愈可知覺矣

居染壓而狎染人近染色難免無汚衊其身矣交友

惡人恒聽視其醜事必習之而涴本心焉

吾偶倏遇賢友雖僅一抵掌而別未嘗少無裨補以

洽吾爲善之志也

交友之旨無他在彼善長於我則我效習之我善長

於彼則我教化之是學而卽教教而卽學兩者互

資矣如彼善不足以效習彼不善不可以變動何姝晝日相與遊讌而徒費陰影乎哉無益之友乃偷時之盜偷時之損甚於偷財財可復積時則否使或人未篤信斯道且脩德尚危出好人醜心戰未決於以剖釋其疑安培其德而拔其將墜計莫過于交善友蓋吾所數聞所數覩漸透於膺豁然開悟誠若活法勸責吾於善也嚴哉君子嚴哉君子時雖言語未及怒色未加亦有德威以沮不善之爲與

爾不得用我爲友而均爲嫵媚者
友者相褒之禮易施也夫相忍友乃難矣然大都友
之皆感稱巳之譽而忘忍巳者之德何歟一顯我
長一顯我短故耳
一人不相愛則耦不爲友
臨當用之時俄識其非友也慇矣
務來新友戒毋誼舊者
友也爲貧之財爲弱之力爲病之藥焉
家可無財庫而不可無友也

仇之饋不如友之棒也

世無友如天無日如身無目矣

友者既久尋之既少得之既難存之或離于眼即念之于心焉

知友之益凡出門會人必圖致交一新友然後回家矣

諛謟友非友乃偷者偷其名而僭之耳

吾福祉所致友必吾災禍避之

友既結成則戒一相斷友情情一斷可以姑相著而

難復全矣玉器有所黏惡于觀易散也而寡有用

耶

醫士之意以苦藥瘳人病諂友之向以甘言于人財

不能友已何以友人

智者欲離浮友且漸而違之非速而絕之

欲於衆人交友繁焉余竟無寃仇則足已

彼非友信爾爾不得而欺之欺之至惡之之效也

永德乃友之美餌矣凡物無不以時久為人所厭惟

德彌久彌感人情也德在仇人猶可愛況在友者

歟

歷山王（大西域古總王）値事急躬入大陣時有衛臣止之曰事險若斯陛下安以免身乎王曰汝免我于詐友且顯仇也自乃能防之

歷山王亦㒷交友賢士名爲善諾先使人奉之以數萬金善諾怫而曰王眖吾以玆意吾何人耶使者曰否也王知夫子爲至廉是奉之耳曰然則當容我爲廉已矣而麾之不受史斷之曰王者欲買士之友而士者毋賣之

歷山王未得總位時無國庫凡獲財厚須給與人也有敵國王富盛惟事務充庫譏之曰足下之庫在於何處曰在於友心也

昔年有善待友而豐惠之將盡本家產也傍人或問之曰財物畢與友何留於己乎對曰惠友之味也別傳對曰留惠友之冀也意俚與而均美焉

古有二人同行一極富一極貧或曰二人爲友至密矣賓法德古者名賢聞之曰既然何一爲富者一爲貧者哉古友之物皆與共也

昔有人求其友以非義事而不見與之曰苟爾不與我所求何復用爾友乎彼曰苟爾求我以非義事何復用爾友乎

西土之一先王曾交友一士而腆養之于都中以其爲智賢者日曠弗見陳諫卽辭之曰朕乃人也不能無過汝莫見之則非智士也見而非諫則非賢友也先王弗見諫過且如此使伍近時文飾過者當何如

是的亞（是北方國名）俗獨多得友者稱之謂富也

客力所西國王名以匹夫得大國有賢人問得國之所行
大旨荅曰惠我友報我仇賢曰不如惠友而用恩
俾仇爲友也

墨臥皮古聞士名折開大石榴或人問之曰夫子何物願
獲如其子之多耶曰忠友也

萬曆二十三年歲次乙未三月望日

重刻二十五言序

太上忘言其次立言言非爲知者設也人生而蒙非言莫覺故天不言而世生賢哲以覺之兹二十五言實本天數大西國利先生作也夫大西於中土不遼絕乎唯是學專事天見爲總總天民罔不交相利濟也者阽危則拯以力迷惑則救以言非力所及聊因言寄愛焉故不厭諄諄也凡人之情厭飫常餐則尋珍錯於山海亦秪以異耳先生載此道腴梯航而來以惠我中

國如龍鸞鳳齒無所希覯要以陳得失之林使眾著於性之不可虧而欲之不可肆則所關於民用固甚鉅已於戲立言難聽言不易中國聖人之訓夥矣然餔糟者見譏於輪人撥淤者或方之傻孟則今對證而發藥烏可以已儻訓斯言者穆然動深長之思一切重內輕外以上達於天德則不必起游夏於九原而尼父覺人之志以續其視蘭臺四十二章孰可尊川當必行能辨之者京既受而卒業幸裨涼德乃付諸

公之吾黨無寧使人訓我金木方訊獨精光炁
內刑且聽道說途于震脩無當也惟是泚流無
海不隱仁人之賜俾共戴此大者將所將往則
知言君子將亦有契於予心
萬曆甲辰歲夏五月穀旦盱眙馮應京書

跋二十五言

昔遊嶺嵩則嘗瞻仰
天主像設葢從歐邏巴海舶來也已見趙中丞
吳銓部前後所勒輿圖乃知有利先生焉間
邂逅留都略偕之語竊以爲此海內博物通
達君子矣亡何齎貢入燕居禮賓之館月急
大官飱錢自是四方人士無不知有利先生
者諸博雅名流亦無不延頸願望見焉稍聞
其緒言餘論卽又無不心悅志滿以爲得所

未有而余亦以問遊從請益獲聞大旨也則余向所欺服者是乃糟粕煨燼又是乃糟粕煨燼中萬分之一耳蓋其學無所不闚而其大者以歸誠

上帝乾乾昭事爲宗朝夕瞬息亡一念不在此諸凡情感誘慕即無論不涉其躬不掛其口亦絕不萌諸其心務期埽除淨潔以求所謂體受歸全者閒嘗反覆送難以至雜語燕譚百千萬言中求一語不合忠孝大指求一涉

無益於人心世道者竟不可得蓋是其書併
中所無有而教法中所大誠也啓生平善疑
至是若披雲然了無可疑時亦能作解至是
若遊溟然了亡可解乃始服膺請事焉則請
其所譯書數種受而卒業其從國中攜來諸
經書盈篋未及譯不可得讀也自來京師論
著復少此二十五言成於留都今年夏楚憲
馮先生請以付棗傳之其人見亦所謂鳥
分之一也然大義可睹矣余更請之曰先生

所攜經書中微言妙義海涵地負誠得同志數輩相共傳譯使人人飫聞至論獲厥原本且得竊其緒餘以裨益民用斯亦千古大快也豈有意乎答曰唯然無竢于言之向自西來涉海八萬里脩途所經無慮數百國若行枳棘中比至中華獲瞻仁義禮樂聲明文物之盛如復撥雲霧見青天焉時從諸名公遊與之語無不相許可者吾以是信道之不孤也飜譯經義今茲未遑子姑待之耳余竊避

其言嗚呼在昔帝世有鳳有皇巢閣儀庭世
世珍之今茲盛際乃有博大真人覽我德輝
至止於庭爲我羽儀其爲世珍不亦弘乎提
扶歸昌音聲激揚以贊贊我文明之休日可
跃哉日可跃哉
萬曆甲辰長至日後學雲間徐光啓撰

重刻二十五言

大西　利瑪竇　述
新都後學汪汝淳較梓

物有在我者有不在我者欲也志也勉也避也等我事皆在我矣財也爵也名也壽也等非我事皆不在我矣在我也者易持不在我也者難致假以他物為己物以己物為他物必且倍情必且拂性必且怨咎世人又及天主也若以己為己以他為他則氣平身泰無所牴牾無冤無怨自無害也是故凡有妄想萌於中爾即察其何事者是在我者即

曰吾欲祥則靡不祥何惡焉若是不在我者便曰
於我無關矣
欲之期期於得其所欲也避之期期於不遇其所避
也故不得其所欲謂不幸焉遇其所避謂患焉藉
令吾所欲得惟欲得其所得之在我耳在所避惟
避其所不遇之在我耳則豈有不幸而稱爲患哉
爾冀榮祿安佚脩壽爾畏貧賤夭病死喪困不免
時不幸而屢患也
彼恒被遇富顯以饌具宴飲之以綃帛贈則遺之爾不
得焉勿以爲意也何也彼所爲爾弗爲之則彼所

得爾宜勿得之矣彼以順媚以諂諛得斯耳爾不欲順媚諂諛而復欲術得斯無乃悖乎不予其價能取其物乎如經過市中有買蔬者與若干錢而爾否也爾豈姑買之者而以爲得多乎爾即彼携蔬而去爾存未費錢而往則同矣富顯者無饌宴無緣與乎爾無他焉惟爾無饌宴緣吊之價與之耳彼以順以譽皆價也爾如欲貨則勿惜價矣然而我代饌宴緣吊者復何物歟不阿順不苟譽存直蓄忠於己則贍矣

適遇難事縱非我所願又非我所能避焉是在用智

以善處之士之行世譬如博塞之精者然値勝數而勝夫人之所能也値不勝之數而善運之以使勝是以智易其不勝之數也

有傳於爾曰某訾爾指爾某過失爾曰我猶有别大罪惡某人所未及知使知之何訾我什此歟認已之大罪惡固不暇辯其指他過失者矣芳齊西邦聖人也居恒謂已曰吾世人之至惡者也門人或疑而問之曰夫子嘗言僞詭縱微小而君子俱弗爲之豈惟以謙已可僞乎夫世有害殺人者有偷盜者有奸淫者夫子固所未爲胡乃稱已如此耶

口吾無謙也乃寔言也彼害殺偷盜奸淫諸罪苟得天主祐引之如我苟得人誨助之如我其德必盛於我也則我豈非甚於彼哉聖人自居于是余敢自誇無過失而辯訾者乎

僕有受益於物而愛之爾極思夫何物類也從微而暨重焉愛甌耳曰吾愛瓦器則碎而不足惜矣愛妻子曰吾愛人者則死而不足慟矣死者喪人者喪常事難免焉

欲安靜其心當先舍俗慮俗慮曰我不汲汲於營貲恐卒無以享吾服矣不恒怒則縶僕為不良矣吾

意寧甘心死於饑餓也無寧僨心生於豐饒也寧孥僕為不良也無孥我為不肖子也試言其小者如忽瀉燈油破罐子凡禁其駭怒默詢於己曰心之安靜貴耶天下貴耶心之安静貴無疑矣今何不以油一勺以罐一片買此安靜心乎所得之貴如此指價之賤如彼何惜耶又倘呼兒與兒童不應彼或未聞爾聲耳或已聞而有所避命耳雖然爾豈宜因他心之悖卽怒亂而挫損本心哉

人凡立志修學卽當預思必有指議我者如見端在拱翼必且曰此矜容也如見周旋中禮必且曰此

色莊也咸指曰夫夫也從何處忽發聖者耶今吾爲學惟斯不矜容不色莊而卓然自立儼如承上帝之令列於行伍而不敢有尺寸之失焉此則始也指議之者自心服其實仰且起敬自悔其議矣若不然一因指議而驟自退屈不將爲人所重笑乎先笑我進後笑我退也

物之奇異爾乎傲而誇也若馬自傲而曰我乃良馬也則已爾傲而曰我有良馬不面赧代耆而傲乎爾非馬也但獲馬之用耳已吾克以道義用物是我事也而傲猶不可況矜夫不在我者耶

物無非假也則毋言巳失之惟言巳還之耳妻死則巳還之兒女死則巳還之田地被攘奪不亦還之乎彼攘奪者固惡也然有主之者矣譬如原主使人索所假之物吾豈論其使者之善與惡與但物在我手際則須存護之如他人物焉

嘗有所遇諸不美事爾卽諦思何以應之如遇惡事君子必有善以應遇勞事以力應遇貨賄事以廉應遇怨謗事以忍應猶以鈇鉞加我我設于盾以禦之又何懼乎

人在世界中宜視巳如作客然宴飲列席饌具厚薄

出乎主人爾無責望行炙之人以次當及爾爾徐徐寡取之行過弗及爾爾毋援之行而未至爾爾毋迎之爾能于所服御如此于妻子如此于財貨如此于權勢如此則爾宜爲天主所客安諸天上矣使如行炙人之及爾厚爾而爾無與焉爾巳天上客豈猶爲乃世人耶

夫仁之大端在于恭愛上帝上帝者生物原始宰物本主也仁者信其實有又信其至善而無少差謬是以一聽所命而無俟强勉焉知順命而行斯之謂智夫命也我善順之則巳否則卽束縛我如牛

羊而牽就之試觀宇宙中孰有勇力能抗違后帝命而遂已願者乎如以外物得失爲禍福以外至榮辱爲吉凶或遭所不欲得或不遭所欲得因而不願命甚且怨命是皆失仁之大端者也何也凡有生之物皆趨利避害而并怨其害己之緣者也不能以受害爲悅必不能以損己爲益父子之恩而至於相殘無他謂其親不遂其所欲得也衛輒子逆蒯聵父也子而抗父正以君國爲福爲吉焉耳彼農夫之怨歲也商賈之怨時也死喪者怨天也亦猶是也是俱以外利失其內仁也君子獨以

任我者度榮辱吉凶而輕其在外於所欲徇欲避一悅(義)之宜與否雖顛沛之際而事上帝之令禮無所失間焉

天下難事能有兩柄一可執一不可執譬如父兄之欲害其子弟也其害人之事是乃不可執之柄則難舉之矣因父兄也是乃可執之柄則舉之矣然則父兄不肖欲害子弟也子弟不可怨父兄何父兄不善造物者以我爲靈豈容我擇其善否乎

若或取樂之淫想形於心汝先勤戒勿被其收爲後退而念取樂之際自流已醜一時取樂之畢自悔

自責一時終則思曰如此非樂何不捨之而獨樂
潔巳止樂哉使我尅樂善乎使樂尅我善乎寧不
思取歡之頃瞬息而遺長痛于膺中乎哉若斯必
慾心自消道心大長而神樂於爾生矣
爾覩受爵祿者得安逸者有聲望者勿萌妄想謂彼
獲眞福而果幸也眞福也者在於我所欲得即由
我得之不在於得其所不由我者也彼皆不由我
者從外而來誰言其得之在我乎爾不願爲富貴
有聞名第願有德而爲正人耳然行德而爲正人
之道莫如賤覩凡物不由我也夫不肖者竟不

已懼害望利也而皆由他人焉君子一二責諸已耳而恒曰彼能死我也不能害我矣彼能富我也不能利我矣進德之兆多默少言言而不言洒之自殺之美不訕人少譽人不訴已之長聽已之譽則默笑與之者聽已之訾則不辯訾之者卒防備已如仇如寇焉

人生世間如俳優在戲場上所爲俗業如搬演雜劇諸帝王公卿大夫士庶奴隸后妃婦婢皆一時粧飾者耳則其所衣衣非其衣所逢利害不及其躬搬演既畢解去粧飾曲沒然不相關矣故俳優不

以分位高卑長短爲尊卑也惟扮其所本脚色則
雖丐子亦當眞切爲之以稱主人之意焉分位全
在他充位亦在我
務形上之　　人如多飲多食多眠多色是賤丈夫之
欲也夫大丈夫之誠意惟在神心耳已彼形事若
恥之焉但無如之何始辭事之耳我身體則賤也
而神心體則千也養賤則斃其寵嬖乎其飲食華
其驕絡飾其嫩戀而今已獨于賤也侈也求也殆
於途中大賤丈夫乎嗚呼今世之賤丈夫盈街而
人莫之惜也

欲知性之正當觀人與已不殊事試之如他僕作壞缾子爾必曰常事也不可忿則可知爾缾子壞非恠也自微推巨他妻子死無不識曰命也數也儻已所愛而死則遽傷神號泣嗚呼嗚呼哀兮哀兮盡年不已胡不記曩爲他人言乎爾憲兒童者嬉則愚也乃欲弱非弱矣謂奴僕者怖則愚也乃欲鶩非鶩矣欲于不死亦愚也乃欲人非人矣

踰分之任智者毋負負所不能任者並失其所能任者焉爾或爲虜賣爾身爲奴何等羞慚慚恨爾將自己心役役於物束縛苦楚而乃熙熙乎哉

人通易善解輒以教人或自詡其能剖闡之默曰使伏羲氏明著性命之理不以卦爻蘊蓄其旨此人將無以自詡謝焉然有人欲學儒則慕性命之理心將物之身將行之且稽古中國先進孰善說性命孰能開其人莫如文王周公仲尼其說莫辨于易即取易讀之讀之未達即詢能解之者而窮叩之止于是其所事無貫矣既解所達而能力行是乃貫焉如徒誦其文而揚其微義是闔為儒而成優伶乎惟用易代樂府耳夫見人從我求易之講當愈耻已之不能行其言也況敖誇乎哉

交於小人爾慎戒賊心如行路戒踏釘失足焉相互於穢物無不自涴也故遇譚淫事者汝或有道以移易其譚以潔論也否則以面之紅且現已弗悅聽之

有毀謗爾爾想彼以是意爲其自所當爲也人各有意孰能皆與爾翕歟然其狀惟自誤自妄耳於爾初無關矣譬有人疑我會婚而我未婚彼眯也於我曷傷乎則方遇忤逆者爾則曰彼以是意爲其自所當爲則無詫異而不加嗔於人也昔吾鄉有三善士坐道旁忽被無道人詈詘極甚其一士竟

不動心一驟然喜一驟然而泣焉心不動忿者乃心
已定無以外爲累也喜者乃思已或有愆則喜人
之知而我責也憂而泣者乃視其誓已之罪矜而
哀之也噫嘻吾儕陋焉凡遇受辱之患苟免報復
之戾只幸矣孰暇憐其辱我之罪耶以人德禪已
行常聞焉以人懸增已德尚矣大

君子毋自伐自伐也者無實矣爾在學士之間少譚
學術只以身踐之可也若同在筵不須評論賢者
在筵何如惟飲食如賢者甚而已從衆之惰於形有
利而於心有傷賢者不以形之苛樂陷心于難洗

之耻也評論德行宜讓齒爵之尊躬行道德無可
讓者人愈謙愈爭先也設因訓有識爾曰無知而
爾喜之爾學已有符矣盡羊之示飽非吐草之謂
也長莪充酪而牧已知矣
學之要處第一在乎作用若行事之不爲非也第二
在乎討論以徵非之不可爲也第三在乎別辯是
非也則第二所以爲第二第二所以爲第一所宜
爲主爲止極乃在第一耳我輩反焉終身泥濡乎
第三而莫顧其第一矣所爲悉非也而口譚非之
不可爲高聲滿堂少訟滿篇

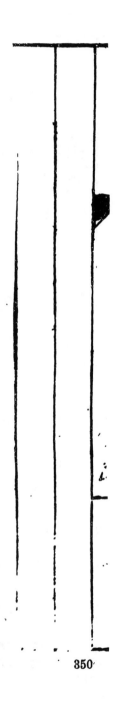

天主實義重刻序

昔吾夫子語修身也先事親而推及乎知天至孟氏存養事天之論而義乃綦備蓋即知即事事天事親同一事而天其事之大原也說天莫辯乎易易為文字祖即言乾元統天為君為父又言帝出乎震而紫陽氏解之以為帝者天之主宰然則天主之義不自利先生剏矣

世俗謂天幽遠不可論竺乾氏者出不
事其親亦已甚矣而敢于幻天藐帝以
自爲尊儒其服者習聞夫天命天理天
道天德之說而亦漫溢入之然則小人
之不知不畏也亦何怪哉利先生學術
一本事天譚天之所以爲天甚晰睹世
之褻天佞佛也者而昌言排之原本師
說演爲天主實義十篇用以訓善坊惡

其言曰人知事其父母而不知天主之爲大父母也人知國家有正統而不知惟帝統天之爲大正統也不事親不可爲子不識正統不可爲臣不事天主不可爲人而尤懃懇于善惡之辯祥殃之應具論萬善未備不謂純善纖惡累性亦謂濟惡爲善若登天福堂作惡若墜墜地冥獄大約使人悔過徙義遏欲

全仁念本始而惕降監綿顧畏而遄澡雪以庶幾無獲戾于皇天上帝彼其梯航琛贄自古不與中國相通初不聞有所謂羲文周孔之教故其爲說亦初不襲吾濂洛關閩之解而特於知天事天大旨乃與經傳所紀如券斯合獨是天堂地獄拘者未信要於福善禍淫儒者恒言察乎天地亦自實理舍善逐惡比

於厭康莊而陟崇山浮漲海亦何以異
苟非赴君父之急關忠孝之大或告之
以虎狼蛟鱷之患而弗信也而必欲挼
身試之是不亦冥頑弗靈甚哉臨女無
貳原自心性實學不必疑及禍福若以
懲愚儆惰則命討遏揚合存是義訓俗
立教固自苦心嘗讀其書往往不類近
儒而與上古素問周髀考工漆園諸編

默相勘印顧粹然不詭於正至其檢身事心嚴翼匪懈則世所謂皐比而儒者未之或先信哉東海西海心同理同所不同者特言語文字之際而是編者出則同文雅化又已為之前茅用以鼓吹休明贊教厲俗不為偶然亦豈徒然固不當與諸子百家同類而視矣余友汪孟樸氏重刻於杭而余為僭弁數語非

敢炫域外之書以爲闢所未闢誠渺其戴皇天而欽崇要義或亦有習聞而未之用力者於是省焉而存心養性之學嘗不無裨益云爾

萬曆彊圉叶洽之歲日躔在心浙西後學李之藻盥手謹序

天主實義序

天主實義大西國利子及其鄉會友與
吾中國人問答之詞也　天主何
上帝也實云者不空也吾國六經四子
聖聖賢賢曰畏上帝曰助上帝曰事
上帝曰格上帝夫誰以爲空空之說
漢明自天竺得之好事者曰孔子嘗
稱西方聖人殆謂佛與相與鼓煽其

說若出吾六經上烏知天竺中國之西而大西又天竺之西也佛家西竊閉他卧剎(名人)勸誘愚俗之言而衍之爲輪廻中竊老氏芻狗萬物之說而衍之爲寂滅一切塵芥六合直欲超脫之以爲高中國聖遠言湮鮮有能服其心而障其勢且或內樂悠閒虛静之便外慕汪洋宏肆之奇前厥馳

騁名利之勞後懾沉淪六道之苦古倦極呼天而今呼佛矣古祀天地社稷山川祖禰而今祀佛矣古學者知天順天而今念佛作佛矣古仕者寘亮天工不敢自暇自逸以爲天民而今大隱居朝遯禪出世矣夫佛天竺之君師也吾國自有君師三皇五帝三王周公孔子及我

太祖以來皆是也彼君師侮天而僞說
于其上吾君師繼天而立極于其下
彼國從之無責爾吾舍所學而從彼
何居程子曰儒者本天釋氏本心師
心之與法天有我無我之別也兩者
足以定志矣是書也歷引吾六經之
語以證其實而深詆譚空之誤以西
政西以中化中見謂人之棄人倫遺

事物猥言不著不染要爲脫輪廻也乃輪廻之誕明甚其畢智力于身謀分町畦于膜外要爲獨親其親獨子其子也乃乾父之爲公又明甚語性則人大異于禽獸語學則歸于爲仁而始于去欲時亦或有吾國之素所未聞而所嘗聞而未用力者十居九矣利子周遊八萬里高測九天深測

九淵皆不爽毫末吾所未嘗窮之形象既已窮之有確據則其神理當有所受不誣也吾輩即有所存而不論論而不議至所嘗聞而未用力者可無憬然悟惕然思孜孜然而圖乎愚生也晚足不徧闔域識不越井天第目擊空譚之弊而樂夫人之譚實也謹題其端與明達者共繹焉

天主實義引

平治庸理惟竟於一故賢聖勸臣以忠忠也者無二之謂也五倫甲乎君君臣爲三綱之首夫正義之士此明此行在古昔值世之亂羣雄分爭眞主未決懷義者莫不深察正統所在焉則奉身殉之罔或與易也邦國有主天地獨無主乎國統於一天地有二主乎故乾坤之

原造化之宗君子不可不識而仰思焉人流之抗罔無罪不犯巧奪人世猶未饜足至於圖僭　天帝之位而欲越居其上惟天之高不可梯升人欲難遂因而謬布邪說欺誑細民以泯沒　天主之跡妄以福利許人使人欽崇而祭祀之盖彼此皆獲罪於　上帝所以天之降災世世以重也而人莫思其故哀哉

哀哉豈非認偷爲主者乎聖人不出醜類胥煽誠實之理幾於銷滅矣竇也從幼出鄉廣游天下視此厲毒無陬不及意　中國堯舜之氓周公仲尼之徒天理天學必不能移而染焉而亦間有不免者竊欲爲之一證復惟遐方孤旅言語文字與　中華異口手不能開動矧材質鹵莽恐欲昭而彌瞑之鄙懷久有

慨焉二十餘年旦夕瞻天泣禱仰惟
天主矜宥生靈必有開曉匡正之日忽
承二三友人見示謂雖不識正音見偷
不聲固爲不可或傍有仁惻矯毅聞聲
興起攻之竇乃述荅中士下問吾儕之
意以成一帙嗟嗟愚者以目所不睹之
爲無也猶瞽者不見天不信天有日也
然日光實在目自不見何患無日　天

主道在人心人自不覺又不欲省不知
天之主宰雖無其形然全爲目則無所
不見全爲耳則無所不聞全爲足則無
所不到在肖子如父母之恩也在不肖
如憲判之威也凡爲善者必信有　上
尊者理夫世界若云無是尊或有而弗
預人事豈不塞行善之門而大開行惡
之路也乎人見霹靂之響徒擊枯樹而

不即及於不仁之人則疑上無主焉不
知天之報咎恢恢不漏遲則彌重耳顧
吾人欽若　上尊非特焚香祭祀在常
想萬物原父造化大功而知其必至智
以營此至能以成此至善以備此以致
各物萬類所需都無缺欠始爲知大倫
者云但其理隱而難明廣博而難盡知
知而難言然而不可不學雖知　天主

人寡其寡之益尚勝於知他事之多願
觀實義者勿以文微而微　天主之
義也若夫　天主天地莫載小篇孰載
之
時
萬曆三十一年歲次癸卯七月既望利
瑪竇書

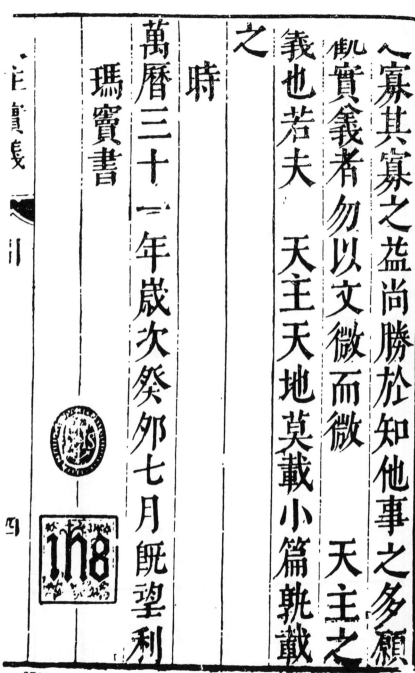

重刻天主實義跋

自昔聖賢之生救世爲急蓋體陰隲之微權隨時而登之覺路繼天立極有自來矣三代以還吾儒主鬯自象教東流彼說遂熾夫世衰道微捭闔變詐之機相爲蟊賊毋亦惟是狥生執有之見致然竺乾居士予以正覺超乘而上庶幾不墮于迷塗蓋化實而歸于虛欲人人

越諸塵累不謂于世道無補也夫始而入既而濡乃令虛幻之談浸爲眞諦學人不索之昭明而求之象罔喝棒則揚眉持呪則瞬目豈不謂三昧正受乎哉何夢夢也利先生憫焉乃著爲天主實義夫上帝降衷厥性有恒時行物生天道莫非至教舍倫常物則之外又安所肅其繕脩此吾儒大中至正之理不券

而符者也蓋道隆則從而隆道汚則從而汚持今日救世之微權非挽虛而歸之實不可夫逃空虛者得聞足音跫然而喜不亦去人愈久悅人滋深乎今聖道久湮得聞利先生之言不啻昆弟親戚之謦欬其側也淳不佞深有當焉特爲梓而傳之

萬曆三十五年歲次丁未仲秋日新都

後學諸生汪汝淳書

天主實義上卷

耶穌會中人　利瑪竇述　燕貽堂較梓

首篇論天主始制天地萬物而主宰安養之

中士曰夫修己之學世人崇業凡不欲徒享生命與禽獸等者必於是殫力焉修己功成始稱君子他技雖隆終不免小人類也成德乃眞福祿無德之幸誤謂之幸實居其患耳世之人路有所至而止所以繕其路非爲其路乃爲其路所至而止也吾所修己之道將奚所至歟本世所及雖已畧明死後之事未知

何如聞先生周流天下傳授天主經旨迪人爲善願領大教西士曰賢賜顧不識欲問天主何情何事中士曰聞尊教道淵而旨玄不能以片言悉但貴國惟崇奉天主謂其始制乾坤人物而主宰安養之者愚生未習聞諸先正未嘗講幸以誨我西士曰此天主道非一人一家一國之道自西徂東諸大邦咸習守之聖賢所傳自天主開闢天地降生民物至今經傳授受無容疑也但貴邦儒者鮮適他國故不能明吾域之文語諳其人物吾將譯天主之公教以徵其為

真教姑未論其尊信者之衆且賢與其經傳之所云
且先舉其所據之理凡人之所以異於禽獸無大乎
靈才也靈才者能辯是非別真僞而難欺之以理之
所無禽獸之愚雖有知覺運動差同于人而不能明
達先後內外之理緣此其心但圖飲啄與夫得時匹
配孳生厥類云耳人則超拔萬類內稟神靈外覩物
理察其末而知其本視其固然而知其所以然故能
不辭今世之苦勞以專精修道圖身後萬世之安樂
也靈才所顯不能强之以殉夫不真者凡理所真是

哉不能不以爲眞是理所僞誕不能不以爲僞誕斯于人身猶太陽於世間普遍光明捨靈才所是之理而殉他人之所傳無異乎尋覓物方遮日光而持燈燭也今子欲聞天主教原則吾直陳此理以對但仗理剖析或有異論當悉折辯勿以誕我此論天主正道公事也不可以私遜廢之中士曰玆何傷乎烏得羽翼以翔山林人稟義理以窮事物故論惟尚理焉耳理之體用廣甚雖聖賢亦有所不知焉一人不能知一國或能知之一國不能知而千國之人或能知

之君子以理爲主理在則順理不在則咈誰得而異之西土曰子欲先詢所謂始制作天地萬物而時主宰之者乎謂天下莫著明乎是也人誰不仰目觀天觀天之際誰不默自嘆曰斯其中必有主之者哉夫即天主吾西國所稱陡斯是也茲爲子特揭二三理端以證之其一曰吾不待學之能爲良能也今天下萬國各有自然之誠情莫相告諭而皆敬一上尊被難者籲哀望救如望慈父母焉爲惡者捫心驚懼如懼一敵國焉則豈非有此達尊能主宰世間人心而

使之自能尋乎其二曰物之無魂無知覺者必不能
于本處所自有所發動而中度數使以度數動則必
藉外靈才以助之設汝懸石於空或寘水上石必就
下至地方止不能復動緣夫石自就下水之與空非
石之本處所故也若風發于地能於本處自動然皆
隨發亂動動非度數至如日月星辰並麗于天各以
天爲本處所然實無魂無知覺者今觀上天自東運
行而日月星辰之天自西循逆之度數各依其則次
舍各安其位曾無纖忽差忒焉者倘無尊主斡旋主

幸其間能免無悖乎哉譬如舟渡江海上下風濤而無覆蕩之虞雖未見人亦知一舟之中必有掌舵智工撐駕持握乃可安流平渡也其三曰物雖本有知覺然無靈性其或能行靈者之事必有靈者為引動之試觀鳥獸之類本冥頑不靈然饑知求食渴知求飲畏矰繳而薄青冥驚網罟而潛山澤或吐哺或跪乳俱以保身孳子防害就利與靈者無異此必有尊主者默教之纔能如此也譬如觀萬千箭飛過於此每每中鵠我雖未見張弓亦識必有良工發箭乃可

無失所云中士曰天地間物至煩至賾信有主宰然
其原制造化萬物何以徵也西士曰大凡世間許多
事情宰於造物理似有二至論物初原主絕無二也
雖然再將二三理解之其一曰凡物不能自成必須
外爲者以成之樓臺房屋不能自起恒成於工匠之
手知此則識天地不能自成定有所爲制作者即吾
所謂天主也譬如銅鑄小毬日月星宿山海萬物備
焉非巧工鑄之銅能自成乎況其天地之體之大晝
夜旋行日月揚光辰宿布象山生草木海育魚龍潮

亦隨月其間員首方趾之民聰明出于萬品誰能自成如有一物能自作巳必宜先有一巳以爲之作然旣巳有巳何用自作如先初未始有巳則作巳者必非巳也故物不能自成也其二曰物本不靈而有安排莫不有安排之者如觀宮室前有門以通出入後有園以種花果庭在中間以接賓客室在左右以便寢臥楹柱居下以負棟梁茅茨置上以蔽風雨如此乎處置協宜而後主人安居之以爲快則宮室必由巧匠營作而後能成也又觀銅鑄之字本各爲一字

而能接續成句排成一篇文章苟非明儒安置之何得自然偶合乎因知天地萬物咸有安排一定之理有質有文而不可增減焉者夫天高明上覆地廣厚下載分之爲兩儀合之爲宇宙辰宿之天高乎日月之天日月之天包乎火火包乎氣氣浮乎水土水行於地地居中處而四時錯行以生昆虫草木水養黿龜蛟龍魚鱉氣育飛禽走獸火煖下物吾人生於其間秀出等夷靈超萬物稟五常以司衆類得百官以立本身目視五色耳聽五音鼻聞諸臭舌啖五味手

能持足能行血脈五臟全養其生下至飛走鱗介諸
物爲其無靈性不能自置所用與人不同則生而或
得毛或得羽或得鱗或得介等當衣服以遮蔽身體
也或具利爪或具尖角或具硬蹄或具長牙或具強
嘴或具毒氣等當兵甲以敵其所害也且又不待教
而識其傷我與否故雞鴨避鷹而不避孔雀羊忌豺
狼而不忌牛馬非鷹與豺狼滋巨而孔雀與牛馬滋
小也知其有傷與無傷異也又下至一草一木爲其
無知覺之性可以護巳及以全果種而備鳥獸之累

故植而或生刺或生皮或生甲或生絮皆生枝葉以圍蔽之吾試忖度此世間物安排布置有次有常非初有至靈之主賦予其質豈能優游於宇下各得其所哉其三曰吾論衆物所生形性或受諸胎或出諸卵或發乎種皆非由己制作也且問胎卵種猶然一物耳又必有所以爲始生者而後能生他物果於何而生乎則必須推及每類初宗皆不在於本類能生必有元始特異之類化生萬類者即吾所稱天主是也中士曰萬物既有所生之始先生謂之天主敢問

此天主由誰生歟西士曰天主之稱謂物之原如謂有所由生則非天主也物之有始有終者鳥獸草木是也有始無終者天地鬼神及人之靈魂是也天主則無始無終而爲萬物始焉爲萬物根柢焉無天主則無物矣物由天主生天主無所由生也中士曰萬物初生自天主出已無容置喙矣然今觀人從人生畜從畜生凡物莫不皆然則似物自爲物於天主無關者西士曰天主生物乃始化生物類之諸宗既有諸宗諸宗自生今以物生物如以人生人其用人用

天則生人者豈非天主譬如鋸鑿雖能成器皆由匠
者使之誰曰成器乃鋸鑿非匠人乎吾先釋物之所
以然則其理自明試論物之所以然有四焉四者維
何有作者有模者有質者有爲者夫作者造其物而
施之爲物也模者狀其物置之於本倫別之於他類
也質者物之本來體質所以受模者也爲者定物之
所向所用也此於工事俱可觀焉譬如車然輿人爲
作者軏轍爲模者樹木料爲質者所以乘於人爲爲
者於生物亦可觀焉譬如火然有生火之原火爲作

者熱乾氣爲模者薪柴爲質者所以燒煮物爲爲者
天下無有一物不具此四者四之中其模者質者此
二者在物之內爲物之本分或謂陰陽是也作者爲
者此二者在物之外超於物之先者也不能爲物之
本分吾按天主爲物之所以然但云作者爲者不云
模者質者盖天主渾全無二胡能爲物之分乎至論
作與爲之所以然又有近遠公私之別公遠者大也
近私者其小也天主爲物之所以然至公至大而其
餘之所以然近私且小私且小者必統于大者公者

夫雙親爲子之所以然稱爲父母近也私也使無天地覆載之安得産其子乎使無天主掌握天地天地安能生育萬物乎則天主固無上至大之所以然也故吾古儒以爲所以然之初所以然中士曰宇內之物衆而且異竊疑所出必爲不一猶之江河所發各別有源今言天主惟一敢問其理西士曰物之私根原固不一也物之公本主則無二焉何者物之公本主乃衆物之所從出備有衆物德性德性圓滿超然無以尚之使疑天地之間物之本主有二尊不知所

云二者是相等乎否乎如非相等必有一微其微者
自不可謂公尊其公尊者大德成全蔑以加焉如曰
相等一之已足何用多乎又不知所云二尊能相奪
滅否如不能相滅則其能猶有窮限不可謂圓滿至
德之尊主如能奪滅則彼可以被奪滅者非天主也
且天下之物極多極盛苟無一尊維持調護不免散
壞如作樂大成苟無太師集衆小成完音亦幾絕響
是故一家止有一長一國止有一君有二則國家亂
矣一人止有一身一身止有一首有二則怪異甚矣

吾因是知乾坤之內雖有鬼神多品獨有一天主始
制作天地人物而時主宰存安之子何疑乎中士曰
耳聆至教益信天主之尊真無二上雖然願竟其說
西士曰天下至微虫如蟻人不能畢達其性矧天主
至大至尊者豈易達乎如人可以易達亦非天主矣
古有一君欲知天主之說問於賢臣賢臣答曰容退
一日思之至期又問答曰更二日方可對如是已二
日又求四日以對君怒曰汝何戲答曰臣何敢戲但
天主道理無窮臣思日深而理日微亦猶瞪目仰瞻

太陽益觀益昏是以難對也昔者又有西土聖人名謂嶼梧斯悌諾欲一槩通天主之說而書之於册一日浪遊海濱心正尋思忽見一童子掘地作小窩手執蠔殼汲海水灌之聖人曰子將何為童子曰吾欲以此殼盡汲海水傾入窩中也聖人笑曰若何甚愚欲以小器竭大海入小窩童子曰爾既知大海之水小器不可汲小窩不盡容又何為勞心焦思欲以人力竟天主之大義而入之微册耶語畢不見聖人亦驚悟知為天主命神以警戒之也蓋物之列於類者

吾因其類考其異同則知其性也有形聲者吾視其
容色聆其音聲則知其情也有限制者吾度量自此
界至彼界則可知其體也若天主者非類之屬超越
衆類比之於誰類乎既無形聲豈有迹可入而達乎
其體無窮六合不能爲邊際何以測其高大之倪乎
庶幾乎舉其情性則莫若以非者無者舉之苟以是
以有則愈遠矣中士曰夫極是極有者亦安得以非
以無闡之西士曰人器之陋不足以盛天主之巨理
也惟知物有卑賤天主所非是然而不能窮其所爲

尊貴也惟知事有缺陷天主所無有然而不能稽其
所爲全長也今吾欲擬指天主何物曰非天也非地
也而其高明博厚較天地猶甚也非鬼神也而其神
靈鬼神不啻也非人也而遐邁聖睿也非所謂道德
也而爲道德之源也彼寔無往無來而吾欲言其以
往者但曰無始也欲言其以來者但曰無終也又推
而意其體也無處可以容載之而無所不盈充也不
動而爲諸動之宗無手無口而化生萬森教諭萬生
也其能也無毀無衰而可以無之爲有者其知也無

昧無謬而已往之萬世以前未來之萬世以後無事可逃其知如對目也其善純備無滓而爲衆善之歸宿不善者雖微而不能爲之累也其恩惠廣大無壅無塞無私無類無所不及小虫細介亦被其澤也夫乾坤之內善性善行無不從天主稟之雖然比之于本原一水滴於滄海不如也天主之福德隆盛滿圓洋洋優優豈有可以增豈有可以減者哉故江海可盡汲濱沙可計數宇宙可充實而天主不可全明況竟發之哉中士曰噫豐哉論矣釋所不能釋窮所不

能窮矣其聞之而始見大道以歸大元矣願進而及
終今日不敢復瀆請朝再以請也西士曰子自聰睿
聞寡知多余何力焉然知此論則難處已平要基已
安餘工可易立矣

第二篇解釋世人錯認天主

中士曰玄論飫耳醉心終夜思之忘寢今再承教以
竟心惑吾中國有三教各立門戶老氏謂物生於無
以無爲道佛氏謂色由空出以空爲務儒謂易有太
極故惟以有爲宗以誠爲學不知尊旨誰是西士曰

二氏之謂曰無曰空於天主理大相剌謬其不可崇
尚明矣夫儒之謂曰有曰誠雖未盡聞其釋固庶幾
乎中士曰吾國君子亦痛斥二氏深爲恨之西士曰
恨之不如辯之以言辯之不如析之以理二氏之徒
並天主大父所生則吾弟兄矣譬吾弟病狂顛倒恠
誕吾爲兄之道恤乎恨乎在以理諭之而已余嘗博
覽儒書往往憾嫉二氏夷狄排之謂斥異端而不見
揭一鉅理以非之我以彼爲非彼亦以我爲非紛紛
爲訟兩不相信千五百餘年不能合一使互相執理

以論辯則不言而是非審三家歸一耳西鄉有諺曰
堅繩可繫牛角理語能服人心敝國之鄰方上古不
止三教纍纍數千百枝後爲我儒以正理辨喻以善
行嘿化令惟天主一教是從中士曰正道惟一耳烏
用衆然佛老之說持之有故凡物先空後實先無後
有故以空無爲物之原似也西士曰上達以下學爲
基天下以實有爲貴以虛無爲賤若所謂萬物之原
貴莫尚焉奚可以虛無之賤當之乎況已之所無不
得施之於物以爲有此理明也今曰空曰無者絕無

所有於己者也則胡能施有性形以爲物體哉物必誠有方謂之有物焉無誠則爲無物設其本原無實無有則是并其所出物者無之也世人雖聖神不得以無物爲有則彼無者空者亦安能以其空無爲萬物有爲萬物實哉試以物之所以然觀之既謂之空無則不能爲物之作者模者質者爲者此於物尚有何着歟中士曰聞教固當但謂物者先無而後有是或一道也西士曰有始之物曰先無而後有可也無始之物非所論矣無始者無時不有何時先無焉特

分而言之謂每物先無後有可耳若總而言之則否
也譬如其人未生之先果無其人既生而後有也然
未生其人之先却有其人之親以生之天下之物莫
不皆然至其渾無一物之初是必有天主開其原也
中士曰人人有是非之心不通此理如失本心寧聽
其餘誕哉借如空無者非人非神無心性無知覺無
靈才無仁義無一善足嘉卽草芥至卑之物猶不可
比而謂之萬物之根本其義誠悖但吾聞空無者非
真空無之謂乃神之無形無聲者耳則于天主何異

焉西士曰此屈於理之言請勿以斯稱天主也夫神之有性有才有德較吾有形之彙益精益高其理益寔何得特因無此形隨謂之無且虛乎五常之德無形無聲孰謂之無哉無形者之於無也隔霄壤矣以此爲教非惟不能昭世愈滋惑矣中士曰吾儒言太極者是乎西士曰余雖末年入中華然竊視古經書不怠但聞古先君子敬恭于天地之上帝未聞有尊奉太極者如太極爲上帝萬物之祖古聖何隱其說乎中士曰古者未有其名而實有其理但圖釋未傳

耳西士曰凡言與理相合君子無以逆之太極之解
恐難謂合理也吾視夫無極而太極之圖不過取奇
偶之象言而其象何在太極非生天地之實可知已
天主之理從古實傳至今全備無遺而吾欲誌之于
册傳之于他邦猶不敢不揭其理之所憑況虛象無
實理之可依耶中士曰太極非他物乃理而已如以
全理爲無理尚有何理之可謂西士曰嗚呼他物之
體態不歸于理可復將理以歸正議若理之本體定
而不以其理又將何以理之哉吾今此判物之宗品

以置理於本品然後明其太極之說不能爲萬物本
原也夫物之宗品有二有自立者有依賴者物之不
待別體以爲物而自能成立如天地鬼神人鳥獸草
木金石四行等是也斯屬自立之品者物之不能立
而託他體以爲其物如五常五色五音五味七情等
是也斯屬依賴之品者且以白馬觀之曰白曰馬馬
乃自立者白乃依賴者雖無其白猶有其馬如無其
馬必無其白故以爲依賴也比斯兩品凡自立者先
也貴也依賴者後也賤也一物之體惟有自立一類

若其依賴之類不可勝窮如人一身固爲自立其間情聲貌色彜倫等類俱爲依賴其類甚多若太極者止解之以所謂理則不能爲天地萬物之原矣蓋理亦依賴之類自不能立曷立他物哉中國文人學士講論理者只謂有二端或在人心或在事物事物之情合乎人心之理則事物方謂眞實焉人心能窮彼在物之理而盡其知則謂之格物焉據此兩端則理固依賴奚得爲物原乎二者皆在物後而後豈先者之原且其初無一物之先渠言必有理存焉夫理在

何處依屬何物乎依賴之情不能自立故無自立者以爲之託則依賴者了無矣如曰賴空虛耳恐空虛非足賴者理將不免于偃墮也試問盤古之前既有理在何故閒空不動而生物乎其後誰從激之使動況理本無動靜況自動乎如曰昔不生物後乃願生物則理豈有意乎何以有欲生物有欲不生物乎中士曰無其理則無其物是故我周子信理爲物之原也西士曰無子則無父而誰言子爲父之原乎相須者之物情恒如此本相爲有無者也有君則有臣無

君則無臣有物則有物之理無此物之實即無此理
之實若以虛理爲物之原是無異乎佛老之說以此
攻佛老是以燕伐燕以亂易亂矣今時實理不得生
物昔者虛理安得以生之乎譬如今日有與人於此
有此車理具于其心何不即動發一乘車而必待有
樹木之質斧鋸之械匠人之工然後成車何初之神
奇能化天地之大而今之衰敝不能發一車之小耶
中士曰吾聞理者先生陰陽五行然後化生天地萬
物故生物有次第焉使於須臾生車非其實矣西士

曰試問於子陰陽五行之理一動一靜之際輙能生陰陽五行則今有車理豈不動而生一乘車乎又理無所不在彼既是無意之物性必直遂任其所發自不能已何今不生陰陽五行於此孰禦之哉且物字爲萬實總名凡物皆可稱之爲物太極圖註云理者非物矣物之類多而均謂之物或爲自立者或爲依賴者或有形者或無形者理既非有形之物類豈不得爲無形之物品乎又問理者靈覺否明義者否如靈覺明義則屬鬼神之類曷謂之太極謂之理也如

否則上帝鬼神夫人之靈覺由誰得之乎彼理者以己之所無不得施之于物以爲之有也理無靈無覺則不能生靈生覺請子察乾坤之內惟是靈者生靈覺者生覺耳自靈覺而出不靈覺者則有之矣未聞有自不靈覺而生有靈覺者也子固不踰母也中士曰靈覺爲有靈覺者所生非理之謂既聞命矣但理動而生陽陽乃自然之靈覺或其然乎西士曰反覆論辯難脫此理吾又問彼陽者何由得靈覺乎此于自然之理亦大相悖中士曰先生謂天主無形無聲

而能施萬象有形有聲則太極無靈覺而能施物之靈覺何傷乎西士曰何不云無形聲者精也上也有形聲者粗也下也以精上能施粗下分不爲過以無靈覺之粗下爲施靈覺之精上則出其分外遠矣又云上物能含下物有三般焉或窮然包下之體如一丈載十尺一尺載十寸之體是也或渾然包下之性如人魂混有禽獸魂禽獸魂混有草木魂是也或粹然包下之德如天主含萬物之性是也夫天主之性最爲全盛而且穆穆焉非人心可測非萬物可比倫

也雖然吾姑譬之如一黃金錢有十銀錢及千銅錢
價所以然者惟黃金之性甚精大異於銀銅之性故
價之幾倍如此天主性雖未嘗截然有萬物之情而
以其精德包萬般之理含衆物之性其能無所不備
也雖則無形無聲何難化萬象哉理也者則大異焉
是乃依賴之類自不能立何能包含靈覺爲自立之
類乎理卑於人理爲物而非物爲理也故仲尼曰人
能弘道非道弘人也如爾曰理含萬物之靈化生萬
物此乃天主也何獨謂之理謂之太極哉中士曰如

此則吾孔子言太極何意西士曰造物之功盛也其
中固有樞紐矣然此爲天主所立者物之無原之原
者不可以理以太極當之夫太極之理本有精論吾
雖曾閱之不敢雜陳其辨或容以他書傳其要也中
士曰吾國君臣自古迄今惟知以天地爲尊敬之如
父母故郊社之禮以祭之如太極爲天地所出是世
之宗考妣也古先聖帝王臣祀典宜首及焉而今不
然此知必太極之解非也先生辯之最詳于古聖賢
無二意矣西士曰雖然天地爲尊之說未易解也夫

至尊無兩惟一焉耳曰天曰地是二之也吾國天主
即華言上帝與道家所塑玄帝玉皇之像不同彼不
過一人修居于武當山俱亦人類耳人惡得爲天帝
皇耶吾天主乃古經書所稱上帝也中庸引孔子曰
郊社之禮以事上帝也朱註曰不言后土者省文也
竊意仲尼明一之以不可爲二何獨省文乎周頌曰
執競武王無競維烈不顯成康上帝是皇又曰於皇
來牟將受厥明明昭上帝商頌云聖敬日躋昭假遲
遲上帝是祗雅云維此文王小心翼翼昭事上帝易

曰帝出乎震夫帝也者非天之謂蒼天者抱八方何能出於一乎禮云五者備當上帝其饗又云天子親耕粢盛秬鬯以事上帝湯誓曰夏氏有罪予畏上帝不敢不正又曰惟皇上帝降衷于下民若有恒性克綏厥猷惟后金縢周公曰乃命于帝庭敷佑四方上帝有庭則不以蒼天爲上帝可知歷觀古書而知上帝與天主特異以名也中士曰世人好古惟愛古器古文豈如先生之據古理也善教引人復古道焉然猶有未諳者古書多以天爲尊是以朱註解帝爲天

辯天惟理也程子更加詳曰以形體謂天以主宰謂帝以性情謂乾故云奉敬天地不識如何西士曰更思之如以天辯上帝得之矣天者一大耳理之不可爲物主宰也昨已悉矣上帝之稱甚明不容辯況妄辯之哉蒼蒼有形之天有九重之析分烏得爲一尊也上帝索之無形又何以形之謂乎天之形圓也而以九層斷焉彼或東或西無頭無腹無手無足使與其神同爲一活體豈非甚可笑訝者哉況鬼神未嘗有形何獨其最尊之神爲有形哉此非特未知論人

道亦不識天文及各類之性理矣上天旣未可爲尊
況于下地乃衆足所踏踐汙穢所歸寓安有可尊之
勢要惟此一天主化生天地萬物以存養人民宇宙
之間無一物非所以育吾人者吾宜感其天地萬物
之恩主加誠奉敬之可耳可捨此大本大原之主而
反奉其役事吾者哉中士曰承若是則吾儕其猶有
蓬之心也夫大抵擡頭見天遂惟知拜天而已西士
曰世有智愚差等各別中國雖大邦諒有智亦不免
有愚焉以目可視爲有以目不能視爲無故但知事

有色之天地不復知有天地之主也遠方之氓忽至
長安道中驚見皇宮殿宇巍峩巀嶪則施禮而拜曰
吾拜吾君今所爲奉敬天地多是拜宮闕之類也智
者乃能推見至隱視此天地高廣之形而遂知有天
主主宰其間故肅心持志以尊無形之先天孰指玆
蒼蒼之天而爲欽崇乎君子如或稱天地是語法耳
譬若知府縣者以所屬府縣之名爲己稱南昌太守
稱謂南昌府南昌縣大尹稱謂南昌縣比此天地之
主或稱謂天地焉非其以天地爲體也有原主在也

吾恐人誤認此物之原主而實謂之天主不敢不辨
中士曰明師論物之原始既得其實又不失其名可
知貴邦之論物理非苟且疎畧之談乃割開愚衷不
留疑處天主之事又加深篤愧吾世儒彷彿要地而
詳尋他事不知歸元之學夫父母授我以身體髮膚
我固當孝君長賜我以田里樹畜使仰事俯育我又
當尊敬此天主之爲大父母也大君也爲衆祖之所
出衆君之所命生養萬物奚可錯認而忘之訓諭難
悉願以異日竟焉西士曰子所求非利也惟眞道是

問耳大父之慈將必佑講者以傳之祐聽者以受之
吾子有問吾敢不惟命

第三篇論人魂不滅大異禽獸

中士曰吾觀天地萬物之間惟人最貴非鳥獸比故謂人參天地又謂之小天地然吾復察鳥獸其情較人反爲自適何者其方生也忻忻自能行動就其所養避其所傷身具毛羽爪甲不俟衣屨不待稼穡無倉廩之積藏無供爨之工隨食可以育生隨便可以休息嬉遊大造而嘗有餘閒其間豈有彼我貧富

尊卑之殊豈有可否先後功名之慮擾其心哉熈熈
逐逐日從其所欲爾奚人之生也毋嘗痛苦出胎赤
身開口先哭似巳自知生世之難初生而弱步不能
移三春之後方免懷抱壯則各有所役無不苦勞農
夫四時反土于畎畝客旅經秊徧度于山海百工勤
動手足士人晝夜劇神殫思焉所謂君子勞心小人
勞力者也五旬之壽五旬之苦至如一身疾病何啻
百端嘗觀醫家之書一目之病三百餘名况醫此全
體又可勝計乎其治病之藥大都苦口即宇宙之間

不拘大小惡畜肆其毒具能爲人害如相盟詛不過一寸之惡足殘九尺之軀人類之中又有相害作爲凶器斷人手足截人肢體非命之死多是人戕今人猶憮古之武器不利則更謀新者益凶故甚至盈野盈城殺伐不已縱遇太平之世何家戕全無缺有財貨而無子孫有子孫而無才能有才能而亦無安逸有安逸而無權勢則每自謂虧醜極大苦樂而爲小不幸所戕蓋屢有之終身多愁終爲大愁所承結以至于死身入土中莫之能逃故古賢有戒其子者曰

爾勿欺巳爾勿昧心入所競往惟于墳墓吾曹非生是乃常死入世始起死日死則了畢巳月過一日吾少一日近墓一步夫此只訴其外苦耳其內苦誰能當之凡世界之苦辛爲眞苦辛其快樂爲僞快樂其勞煩爲常事其娛樂爲有數一日之患十載訴不盡則一生之憂事豈一生所能盡述乎人心有此爲愛惡忿惧四情所伐譬樹在高山爲四方之風所鼓胡時得靜或溺酒色或惑功名或迷財貨各爲欲從誰有安本分而不求外者雖與之四海之廣兆民之衆

不止足也愚矣然則人之道人猶未曉況于他道而
或從釋氏或由老氏或師孔氏而折斷天下之心于
三道也乎又有好事者另立門戶載以新說不久而
三教之岐必至于三千教而不止矣雖自曰正道正
道而天下之道日益乖亂上者陵下下者侮上父暴
子逆君臣相忌兄弟相賊夫婦相離朋友相欺滿世
皆詐諂誑誕而無復真心嗚呼誠視世民如大洋間
著風浪舟船壞溺而其人蕩漾波心沉浮海角且各
急于已難莫肯相顧或執碎板或乘朽蓬或持敗籠

隨手所值繫操不捨而相繼以死良可惜也不知天
主何故生人于此患難之處則其愛人反似不如禽
獸焉西士曰世上有如此患難而吾癡心猶戀愛之
不能割使有寧泰當何如耶世態苦醜至如此極而
世人昏愚欲于是爲大業闢田地圖名聲禱長壽謀
子孫篡弑攻併無所不爲豈不殆哉古西國有二聞
賢一名黑蠟一名德牧黑蠟恒笑德牧恒哭皆因視
世人之逐虛物也笑因譏之哭因憐之耳又聞近古
一國之禮不知今尚存否凡有產子者親友共至其

門哭而弔之爲其人之生于苦勞世也凡有喪者至其門作樂賀之爲其人之去勞苦世也則又以生爲凶以死爲吉焉夫夫也太甚矣然而可謂達現世之情者也現世者非人世也禽獸之本處所也所以于是反自得有餘也人之在世不過暫次寄居也所以于是不寧不足也賢友儒也請以儒喻今大比選試是日士子似勞徒隸似逸有司豈厄徒隸而厚士子乎蓋不越一日之事而以定厥才品耳試畢則尊自尊卑自卑也吾觀天主亦置人于本世以試其心而

定德行之等也故現世者吾所僑寓非長久居也吾本家室不在今世在後世不在人在天當于彼創本業焉今世也禽獸之世也故鳥獸各類之像俯向於地人爲天民則昂首向順于天以今世爲本處所者禽獸之徒也以天主爲薄於人固無惟耳中士曰如言後世天堂地獄便是佛教吾儒不信西士曰是何語乎佛氏戒殺人儒者亦禁人亂法殺人則儒佛同歟鳳凰飛蝙蝠亦飛則鳳凰蝙蝠同歟事物有一二情相似而其實大異不同者天主教古教也釋氏西

民必竊聞其說矣凡欲傳私道者不以三四正語雜入其誰信之釋氏借天主天堂地獄之義以傳已私意邪道吾傳正道豈反置弗講乎釋氏未生天主教人已有其說修道者後世必登天堂受無窮之樂免墮地獄受不息之殃故知人之精靈常生不滅中士曰夫常生而受無窮之樂人所欲無大於是者但未深明其理西士曰人有魂魄兩者全而生焉死則其魄化散歸土而魂常在不滅吾入中國嘗聞有以魂爲可滅而等之禽獸者其餘天下名教名邦皆省人

魂不滅而大殊於禽獸者也吾言七國子試虛心聽之彼世界之魂有三品下品名曰生魂即草木之魂是也此魂扶草木以生長草木枯萎魂亦消滅中品名曰覺魂則禽獸之魂也此能附禽獸長育而又使之以耳目視聽以口鼻啖嗅以肢體覺物情但不能推論道理至死而魂亦滅焉上品名曰靈魂即人魂也此兼生魂覺魂能扶人長養及使人知覺物情而又使之能推論事物明辨理義人身雖死而魂非死蓋永存不滅者焉凡知覺之事倚賴于身形身形死

散則覺魂無所用之故草木禽獸之魂依身以爲本情身殁而情魂隨之以殞若推論明辨之事則不必倚據于身形而其靈自在身雖殁形雖渙其靈魂仍復能用之也故人與草木禽獸不同也中士曰何謂賴身與否西士曰長育身體之事無身體則無所長育矣視之以目司焉聽之以耳司焉嗅之以鼻司焉啖之以口司焉知覺物情之以四肢知覺焉然而色不置目前則不見色矣聲不近于耳則聲不聞矣臭近于鼻則能辨遠則不辨也味之鹹酸甘苦入口則

知不人則不知也冷熱硬煗合於身我方覺之達之
則不覺也兄聲同一耳也聾者不聞色同一目也瞽
者不見故曰覺魂賴乎身身死而隨熄也若夫靈魂
之本用則不恃乎身焉盖恃身則爲身所役不能擇
其是非如禽獸見可食之物即欲食不能自已豈復
明其是非人當饑餓之時若義不可食立志不食雖
有美味列前不屑食矣又如人身雖出遊在外而此
心一點猶念家中常有歸思則此明理之魂賴身爲
用者哉子欲知人魂不滅之緣須悟世界之物凡見

戕滅必有殘滅之者殘滅之因從相悖起物無相悖決無相滅日月星辰麗于天何所繫屬而卒無殘滅者因無相悖故也凡天下之物莫不以火氣水土四行相結以成然火性熱乾則背于水水性冷濕也氣性濕熱則背于土土性乾冷也兩者相對相敵自必相賊既同在相結一物之內其物豈得長久和平其間未免時相伐競但有一者偏勝其物必致壞亡故此有四行之物無有不泯滅者夫靈魂則神也於四行無關焉孰從而悖滅之中士曰神誠無悖也然吾

烏知人魂爲神而禽獸則否耶西士曰徵其實何有乎理有數端自悟則可釋疑也其一曰有形之魂不能爲有之主而恒爲身之所役以就墮落是以禽獸常行本欲之役徇其情之所導而不能自檢獨人之魂能爲身主而隨吾志之所縱止故志有專向力即從焉雖有私欲豈能違公理所令乎則靈魂信專一身之權屬于神者也與有形者異也其二曰一物之生惟得一心若人則兼有二心獸心人心是也則亦有二性一乃形性一乃神性也故舉凡情之相背亦

由所發之性相背焉人之遇一事也且同一時也而有兩念並興屢覺兩逆如吾或惑酒色既似迷戀欲從又復慮其非理從彼謂之獸心與禽獸無別從此謂之人心與天神相同也人于一心一時一事不得兩情相背並立如目也不能一時觀一物而並不觀之也如耳也不能一時聽一聲而並不聽之也是以兩相悖之情必由兩相背之心兩相悖之心必由兩相背之性也試嘗二江之水一鹹一淡則雖未見源泉亦證所發不一矣其三曰物類之所好惡恒與其

性相稱謂設着形之性惟着形之事爲好惡而超形
之性以無形之事爲愛惡吾察萬生之情凡禽獸所
貪娛惟味色四肢安逸耳已所驚駭惟饑勞四肢傷
殘耳已是以斷曰此諸類之性不神乃着形之性也
若人之所喜惡雖亦有形之事然德善罪惡之事爲
甚皆無形者也是以斷曰人之性兼得有形無形兩
端者也此靈魂之爲神也其四曰凡受事物者必以
受者之態受焉譬如甁器受水器圓則所受之水圓
器方則所受之水方世間所受無不如是則人魂之

神何以疑乎我欲明物如以已心受其物焉其物有
形吾必脫形而神之然後能納之于心如有黃牛于
此吾欲明其性體則視其黃曰非牛也乃牛色耳聽
其聲曰非牛也乃牛聲耳啖其肉味曰非牛也乃牛
肉味耳則知夫牛自有可以脫其聲色味等形者之
情而神焉者又如人觀百雉之城可置之于方寸之
心非人心至神何以方寸之地能容百雉之城乎能
神所受者自非神也未之有也其五曰天主生人使
之有所司官者固與其所屬之物相稱者也目司視

則所屬者色相耳司聽則所屬者音聲鼻口司臭司嗜則所屬者臭味耳目口鼻有形則併色音臭味之類均有形焉吾人一心乃有司欲司悟二官欲之所屬善者耳悟之所屬真者耳善與真無形則司欲司悟之爲其官者亦無形矣所爲神也神之性能達形之性而有形者固未能通無形之性也夫人能明達鬼神及諸無形之性非神而何中士曰設使吾言世無鬼神則亦言無無形之性而人豈能遽明之乎則此五理似無的據西士曰雖人有言無鬼神無無形

之性然此人必先明鬼神無形之情性方可定之曰有無焉苟弗明曉其性之態安知其有無哉如曰雪白非黑者必其明黑白之情然後可以辨雪之爲白而非黑則人心能通無形之性益著矣其六曰肉心之知猶如小器有限不廣如以線繫雀于木不能展翅高飛線之阻也是以禽獸雖得知覺有形之外情不能通又弗能反諸已而知其本性之態若無形之心最恢最宏非小器所限直通乎無礙之境如雀斷其所束之線則高飛戾天誰得而禦之故人之靈非

惟知其物外形情且暢曉其隱體而又能反觀諸巳明巳本性之態焉此其非屬有形益可審矣所以言人魂爲神不容泯滅者也因有此理實爲修道基焉又試揭三四端理以明徵之其一曰人心皆欲傳播善名而忌遺惡聲殆與逞生亦不侔是故行事期協公評以邀人稱賞或立功業或輯書冊或謀術藝或致身命凡以求令聞廣譽顯名于世雖捐生不惜此心人大槩皆有之而愚者則無愈愚則愈無焉試問死後吾聞知吾所遺聲名否如以形論則骨肉歸土未

免朽化何爲能聞然靈魂常在不滅所遺聲名善惡
寔與我生無異若謂靈魂隨死銷滅尚勞心以求休
譽譬或置玅畫以巳既盲時看焉或備美樂以巳既
聾時聽焉此聲名何與于我而人人求之至死不休
彼孝子慈孫中國之古禮四季修其祖廟設其裳衣
薦其時食以說考妣使其形神盡亡不能聽吾告哀
視吾稽顙知吾事死如事生事亡如事存之心則固
非自國君至於庶人大禮乃童子空戲耳其二曰上
帝降生萬品有物有則無徒物無空則且歷舉名品

之情皆求遂其性所願欲而不外求其勢之所難獲是以魚鱉樂潛川淵而不冀遊于山嶺兎鹿性喜走山嶺而不欲潛于水中故鳥獸之欲非在常生不在後世之躋天堂受無窮之樂其下怕所懼不踰本世之事獨吾人雖習聞異端有神身均滅之說亦無不冀愛長生願居樂地享無疆之福者設使無人可得以盡實其情豈天主徒賦之于衆人心哉何不觀普天之下多有抛別家產離棄骨肉而往深山窮谷誠心脩行此輩俱不以今世爲重祈望來世眞福若吾

魂隨身而殁詎不枉費其意乎其三曰天下萬物惟人心廣大窮本世之事物弗克充滿則其所以充滿之者在後世可曉矣蓋天主至智至仁凡厥所爲人不能更有非議彼各依其世態以生其物之態故欲使禽獸止于今世則所付之願不越此一世墜落事求飽而飽則已耳欲使人類生乎千萬世則所賦之願不徒在一世須臾之欲於是不圖止求一飽而求之必莫得者焉試觀商賈殖貨之人雖金玉盈箱富甲州縣心無慊足又如仕者躐身世之浮名趨明時

之捷徑惟圖軒冕華袞爲榮即至于搢紳朝陛貫職台階心猶未滿甚且極之奄有四海臨長百姓福貽子孫其心亦無底奩此不足恠皆緣天主所稟情欲原乃無疆之壽無限之樂豈可以今世幾微之樂姑爲饜足者一蚊之小不可飽龍象一粒之微弗克寔太倉西土古聖曾悟此理瞻天嘆曰上帝公父爾寔生吾人輩于爾惟爾能滿吾心也人不歸爾其心不能安足也其四曰人性皆懼死者雖親戚友朋旣死則莫肯安意近其屍然而猛獸之死弗懼者則人性

之靈自有良覺自覺人死之後尚有魂在可懼而獸
魂全散無所留以驚我也其五曰天主報應無私善
者必賞惡者必罰如今世之人亦有爲惡者富貴安
樂爲善者貧賤苦難天主固待其旣死然後取其善
魂而賞之取其惡魂而罰之若魂因身終而滅天主
安得而賞罰之哉中士曰君子平生異于小人則身
後亦宜異于小人死生同也則所以異者必在于魂
也故儒有一種言善者能以道存聚本心是以身死
而心不散滅惡者以罪敗壞本心是以身死而心之

散滅隨焉此亦可誘人於善焉西士曰人之靈魂不拘善惡皆不隨身後而滅萬國之士信之天主正經載之余以數端寔理證之矣此分善惡之殊則不載于經不攄于理未敢以世之重事輕為新說而簧鼓滋惑也勸善沮惡有賞罰之正道若夫捐此而求他詭迺人魂匪沙匪水可以聚散魂乃神也一身之主四肢之動宗焉以神散身猶之可也以身散神如之何可哉使惡行能散本心則是小人必不壽矣然有自少至老為惡不止何以散其心猶能生耶心之于身

重乎血血既散身且不能立則心既散身又焉能行況心堅乎身積惡于已不能散身何獨能散其心乎君生時心已散何待死後乎造物者因其善否不易其性如鳥獸之性非常生之性則雖其間有善未緣俾鳥獸常生魔鬼之性乃常生之性縱其爲惡未緣俾魔鬼殄滅則惡人之心豈能因其惡而散滅焉使惡人之魂槩受滅亡之刑則其刑亦未公固非天主所出蓋重罪有等豈宜一切罰以滅亡哉況被滅者既歸于無則亦必無患難無苦辛無所受刑而其罪

反脫則是引導世人以無懼爲惡引導爲惡者以無懼增其惡也聖賢所謂心散心亡乃是譬詞如吾沉濫逐于外事而不專一即謂心散如吾所務不在本性內事而在外逸即謂心亡非必眞散眞亡也善者藏心以德似美飾之惡者藏心以罪似醜汚之此本性之體兼身與神非我結聚乃天主賦之以使我爲人其散亡之機亦非由我常由天主天主命其身期年而散則期年以散而吾不能永久命其靈魂常生不滅而吾焉能滅之耶顧我所用何如善用之則安

忝悞用之則險危云耳吾眞本性如得兼金吾或以之造祭神之爵或以之造藏𧸖之盤皆我自為之然其藏𧸖盤獨非兼金乎增光于心則卒騰天上之大光增瞋于心則卒降地下之大瞋誰能排此理之大端哉中士曰吁今吾方知人所異於禽獸者非幾希也靈魂不滅之理甚正也甚明也西士曰期已行于禽獸不聞二性之殊者頑也高士志浮人品之上詎願等巳乎鄙類者哉賢友得契尊旨言必躍如然性遐異矣行宜勿邇焉

第四篇辯釋鬼神及人魂異論而解天下萬物不
　可謂之一體
中士曰昨吾退習大誨果審其皆有真理不知吾國
迂儒何以攻折鬼神之實爲正道也西士曰吾遍察
大邦之古經書無不以祭祀鬼神爲天子諸侯重事
故敬之如在其上如在其左右豈無其事而故爲此
矯誣哉盤庚曰失于政陳于茲高后丕乃崇降罪疾
曰何虐朕民又曰茲予有亂政同位具乃貝玉乃祖
乃父丕乃告我高后曰作丕刑於朕孫迪高后丕乃

崇降弗祥西伯戡黎祖伊諫紂曰天子天既訖我殷命格人元龜罔敢知吉非先王不相我後人惟王淫戲用自絶盤庚者成湯九世孫相違四百禩而猶祭之而猶懼之而猶以其能降罪降不祥勵已勸民則必以湯爲仍在而未散矣祖伊在盤庚之後而謂殷先王既崩而能相其後孫則以死者之靈魂爲永在不滅矣金縢周公曰予仁若考能多才多藝能事鬼神又曰我之弗辟我無以告我先王召誥曰天既遐終大邦殷命茲殷多哲王在天越厥後王後民詩云

文王在上於昭于天文王陟降在帝左右周公召公
何人乎其謂成湯文王旣崩之後猶在天陟降而能
保佑國家則以人魂死後爲不散泯矣貴邦以二公
爲聖而以其言爲誑可乎異端熾行譸張爲幻難以
攻詰後之正儒其柰何必將理斥其邪說明論鬼神
之性其庶幾矣中士曰今之論鬼神者各自有見或
謂天地間無鬼神之殊或謂信之則有不信之則無
或謂如說有則非如說無則亦非如說有無則得之
矣西士曰三言一切以攻鬼神而莫思其非將排詆

佛老之徒而不覺忤古聖之旨且夫鬼神有山川宗廟天地之異名異職則其不等著矣所謂二氣良能造化之迹氣之屈伸非諸經所指之鬼神也吾心信否能有無物者否講夢則或可若論天地之大體矣用此恍惚之亂耶譬如西域獅子知者信其有愚人或不信然而獅子本有彼不信者能滅獅子之類哉又況鬼神者哉凡事物有所有無所無譬小人疑鬼神有無因就學士而問以釋疑如答之以有無豈非愈增其疑乎諸言之旨無他惟曰有則人見之人莫

見之則無矣然茲語非學士者議論乃郊野之誕耳
無色形之物而欲以肉眼見之比方欲以耳啖魚肉
之味可乎誰能以俗眼見五常乎誰見生者之魂乎
誰見風乎以目覩物不如以理度之夫目或有所差
惟理無謬也觀日輪者愚人測之以目謂大如甕底
耳儒者以理而計其高遠之極則知其大乃踰于普
天之下也置直木于澄水中而浸其半以目視之如
曲焉以理度之則仍自為直其木非曲也任目覩影
則以影為物謂能動靜然以理細察則知影實無光

者耳已决非有物況能動靜乎故西校公語曰耳目口鼻四肢所知覺物必揆之于心理心理無非焉方可謂之眞若理有不順則捨之就理可也人欲明事物之奧理無他道焉因外顯以推內隱以其然驗其所以然如觀屋頂烟騰而屋內之必有火者可知矣者因天地萬物而證其固有天地萬物之主也因人事而證其有不能散滅之靈魂也則以證鬼神之必有亦無異道矣如云死者形朽滅而神飄散泯然無迹此一二匹夫之云無理可依柰何以議聖賢之所

既按乎哉中士曰春秋傳載鄭伯有爲厲必以形見之也人魂無形而移變有形之物此不可以理推矣夫生而無異于人豈死而有越人之能乎若死者皆有知則慈母有深愛子一旦化去獨不日在本家顧視向者所愛子乎西士曰春秋傳既言伯有死後爲厲則古春秋世亦已信人魂之不散滅矣而俗儒以非薄鬼神爲務豈非春秋罪人乎夫謂人死者非魂死之謂惟謂人魄耳人形耳靈魂者生時如拘縲絏中既死則如出暗獄而脫手足之拳益達事物之理

焉其知能當益滋精踰于俗人不宜爲怪君子知其
然故不以死爲凶懼而忻然安之謂之歸于本鄉天
主制作萬物分定各有所在不然則亂如死者之魂
仍可在家豈謂之死乎且觀星宿居於天上不得降
於地下而雜乎草木草木生於地下亦不得升於天
上而雜乎星宿萬物各安其所不得移動譬水底魚
餓將死雖有香餌在岸亦不得往而食之人之魂雖
念妻子豈得回在家中凡有回世界者必天主使之
或以勸善或以懲惡以驗人死之後其魂猶存與其

禽獸魂之散而不回者異也魂本無形或有著顯於
人必托一虛像而發見焉此亦不難之事天主欲人
盡知死後魂存而分明曉示若此而猶有罔詆無忌
亂教惑民以巳所不知妄云人死魂散無復形跡非
但悖妄易辯且其人身後之魂必受妄言之殃矣可
不愼乎中士曰謂人之神魂死後散泯者以神爲氣
耳氣散有速漸之殊如人不得其死其氣尚聚久而
漸泯鄭伯有是也又曰陰陽二氣爲物之體而無所
不在天地之間無一物非陰陽則無一物非鬼神也

如尊教謂鬼神及人魂如此則與吾常所聞無大異焉西士曰以氣爲鬼神靈魂者紊物類之寔名者也立教者萬類之理當各類以本名古經書云氣云鬼神文字不同則其理亦異有祭鬼神者矣未聞有祭氣者何今之人紊用其名乎云氣漸散可見其理已窮而言之盡妄吾試問之夫氣何時散盡何病疾使之散鳥獸常不得其死其氣速散乎漸散乎何其不回世乎則死後之事皆未必知之審者奚用妄論之哉中庸謂體物而不可遺以辭迎其意可也蓋仲尼

之意謂鬼神體物其德之盛耳非謂鬼神即是其物也且鬼神在物與魂神在人大異焉魂神在人爲其內本分與人形爲一體故人以是能論理而列於靈才之類彼鬼神在物如長年在船非船之本分者與船分爲二物而各列於各類故物雖有鬼神而弗登靈才之品也但有物自或無靈或無知覺則天主命鬼神引導之以適其所茲所謂體物耳矣與聖君以神治體國家同焉不然是天下無一物非靈也蓋彼曰天下每物有鬼神而每以鬼神爲靈如草木金石

豈可謂之靈哉彼文王之民感君之恩謂其臺曰靈
臺謂其沼曰靈沼不足爲奇今桀紂之臺沼亦謂之
靈矣豈不亦混亂物之品等而莫之願耶分物之類
貫邦士者曰或得其形如金石是也或另得生氣而
長大如草木是也或更得知覺如禽獸是也或益精
而得靈才如人類是也吾西庠之士猶加詳焉觀後
圖可見但其依賴之類最多難以圖盡故畧之而特
書其類之九元宗云

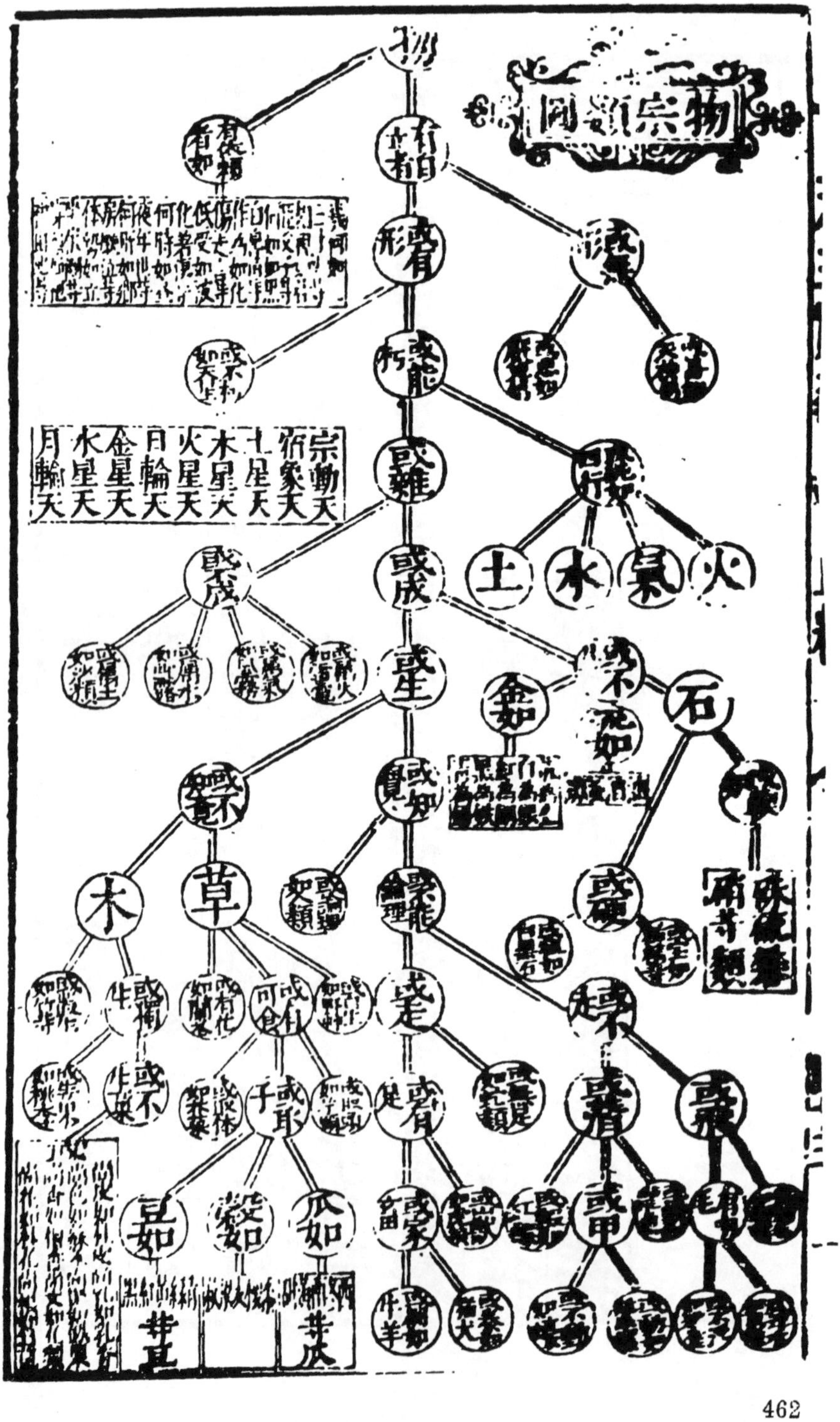
物宗類圖
物
宗動天
土星天
木星天
火星天
日輪天
金星天
水星天
月輪天
土
水
氣
火
石
木
草

凡此物之萬品各有一定之類有屬靈者有屬愚者如吾於外國士傳中國有儒謂鳥獸草木金石皆靈與人類齊豈不令之大驚哉中士曰雖吾國有謂鳥獸之性同乎人但鳥獸性偏而人得其正雖謂鳥獸有靈然其靈微渺人則得靈之廣大也是以其類異也西士曰夫正偏小大不足以別類僅別同類之等耳正山偏山大山小山並為山類也智者獲靈之大愚人獲靈之小賢者得靈之正不肖得靈之偏豈謂異類者哉如小大偏正能分類則人之一類靈之巨

徵正僻其類甚多苟觀物類之圖則審世上固惟有無二者可以別物異類焉耳試言之有形者爲一類則無形者異類也生者爲一類則不生者異類也能論理者惟人類本分故天下萬類無與能論也人之中論有正偏小大均列於會論之類而惟差精粗如謂鳥獸之性本靈則夫其偏其小固同類于人者也但不宜以似爲眞以由外來者爲內本譬如因見銅壺之漏能定時候即謂銅水本靈可乎將軍者有智謀以全軍而敗敵其士卒順其令而或進或退或伏

亟突以成其功誰曰士卒之本智不從外導者乎明于類者視各類之行動熟察其本情而審其志之所及則知鳥獸者有鬼神爲之暗誘而引之以行上帝之命出于不得不然而莫知其然非有自主之意吾人類則能自立主張而事爲之際皆用其所本有之靈志也中士曰雖云天地萬物共一氣然物之貌像不同以是各分其類如見身只是軀殼軀殼內外莫非天地陰陽之氣氣以造物物以類異如魚之在水其外水與肚裏之水同鱖魚肚裏之水與鯉魚肚裏

之水同獨其貌像常不一則魚之類亦不一焉故觀天下之萬像而可以驗萬類矣西士曰設徒以像分物此非分物之類者也是別像之類者耳像固非其物也以像分物不以性分物則犬之性猶牛之性犬牛之性猶人之性歟是告子之後又一告子也以泥塑虎塑人二者惟以貌像謂之異宜也活虎與活人謂止以其貌異爲決不宜矣以貌像別物者大槩相同不可謂異類如以泥虎例泥人其貌雖殊其爲泥類則一耳若以氣爲神以爲生活之本則生者何由

得死乎物死之後氣在內外猶然充滿何適而能離氣何患其無氣而死故氣非生活之本也傳云差毫釐謬千里未知氣爲四行之一而同之于鬼神及靈魂亦不足恠若知氣爲一行則不難說其體用矣且夫萬者和水火土三行而爲萬物之形者也而靈魂者爲人之內分一身之主以呼吸出入其氣者也蓋人與飛走諸類皆生氣內以便調涼其心中之火是故恒用呼吸以每息更氣而出熱致涼以生焉魚潛水間水性甚冷能自外透涼于內火所以其類多無

呼吸之資也夫鬼神非物之分乃無形別物之類其本職惟以天主之命司造化之事無柄世之專權故仲尼曰敬鬼神而遠之彼福祿免罪非鬼神所能由天主耳而時人諂瀆欲自此得之則非其得之之道也夫遠之意與獲罪乎天無所禱同豈可以遠之觧無之而陷仲尼于無鬼神之惑哉中士曰吾古之儒者明察天地萬物本性皆善俱有宏理不可更易以爲物有巨微其性一體則曰天主上帝即在各物之內而與物爲一故勸人勿爲惡以玷巳之本善焉勿

違義以犯巳之本理焉勿害物以侮其內心之上帝焉又曰人物壞喪不滅本性而化歸于天主此亦人魂不滅之謂但恐於先生所論天主者不合西士曰茲語之謬比前所聞者愈甚曷敢合之乎吾不敢以此簡吾上帝之尊也天主經有傳昔者天主化生天地即化生諸神之彙其間有一鉅神名謂輅齊拂兒其視巳如是靈明便傲然曰吾可謂與天主同等矣天主怒而并其從者數萬神變爲魔鬼降置之於地獄自是天地間始有魔鬼有地獄矣夫語物與造物

者同乃輅齊拂兒鬼傲語孰敢述之歟世人不禁佛
氏誑經不覺染其毒語周公仲尼之論貴邦古經書
孰有狎后帝而與之一者設恒民中有一匹夫自稱
與天子同尊其能免乎地上民不可妄比肩地上君
而可同天上帝乎人之稱人謂曰爾爲爾我爲我而
今凡溝壑昆虫與上帝曰爾爲我我爲爾豈不謂盍
抗大悖乎哉中士曰佛氏無遜于上帝也其貴人身
尊人德有可取也上帝之德固厚而吾人亦具有至
德上帝固具無量能而吾人心亦能應萬事試觀先

聖調元開物立教明倫養民以耕鑿機杼利民以舟車財貨其肇基經世垂萬世不易之鴻猷而天下永賴以安未聞蔑先聖而上帝自作自樹以臻至治由是論之人之德能雖上帝罔或踰焉詎云搆造天地獨天主能乎世不達己心之妙而曰心局身界之內佛氏見其大不肯自屈則謂是身也與天地萬物咸蘊乎心是心無遠不逮無高不升無廣不括無細不入無堅不度故具識根者宜知方寸間儼居天主非天主寧如是耶西士曰佛氏未知己奚知天主彼以

耿耿躬受明于天主偶蓄一材飭一行矜誇傲睨肆然比附于天主之尊是豈貴吾人身尊吾人德乃適以賤人喪德耳傲者諸德之敵也一養傲於心百行皆敗焉西土聖人有曰心無謙而積德如對風堆沙聖人崇謙讓天主之弗讓如避人何哉其視聖人翼翼乾乾畏天明威身後天下不有其知殆天淵而水火矣聖人不敢居聖而令恒人擬天主乎夫德基于修身成于事上帝周之德必以事上帝為務今以所當凛然敬事者而曰吾與同焉悖何甚乎至於裁成

庶物盖因天主巳形之物而順材以成之非先自無
物而能創之也如製器然陶者以金斲者以木然而
金木之體先備也無體而使之有體人孰能之人之
成人循其性而教之非人本無性而能使之有性也
若夫天主造物則以無而爲有一令而萬像即
故曰無量能也於人大殊矣且天主之造物也如硃
印之印楮帛楮帛之印非可執之爲印斯乃印之蹟
耳人物之理皆天主蹟也使欲當之原印而復以印
諸物不亦謬乎智者之心含天地具萬物非真天地

萬物之體也惟仰觀俯察鑑其形而達其理求其本而遂其用耳故目所未睹則心不得有其像若止水若明鏡影諸萬物乃謂明鏡止水均有天地即能造作之豈可乎必言顧行乃可信焉天主萬物之原能生萬物若人即與之同當亦能生之然誰人能生一山一川于此乎中士曰所云生天地之天主者與存養萬物天上之天主者佛氏所云我也古與今上與下我無間焉蓋全一體也第緣四大沉淪昧晦而情隨事發真元日鑿德機日弛而吾天主弃溺也則吾

之不能造養物非本。其流使然耳夜光之珠以蒙
垢而損厥值追究其初。胡可爲知也西士曰吁嘻
哉有是毒哂而世人競茹之悲歟非淪昧之甚孰敢
謂萬物之原天地之靈爲物淪昧乎哉夫人德堅首
尚不以磨涅變其真體物用凝固不以運動失其常
度至大無偶至尊無上乃以人生幻軀能累及而汚
惑之是人斯勝天欲斯勝理神爲形之役情爲性之
根于識本末者宜不踰而自解矣且兩間之比較有
踰於造物者能陷之陷之于四大之中以昧溺之乎

夫天上之天主於我既共一體則二之澄徹混淆無
異焉譬如首上靈神於心內靈神同爲一體也故適
痛楚之遭變故之值首之神混淆心之神夠混淆焉
必不淂一亂一治之矣今吾心之亂固不能混天上
天主之永攸澄徹彼永攸澄徹又不免我心之混淆
則吾於天主非共爲一體豈不驗乎夫曰天主與物
同或謂天主即是其物而外無他物或謂其在物而
爲內分之一或謂物爲天主所使用如械器爲匠之
所使用此三言皆傷理者吾逐逐辯之也其云天主

即是各物則宇宙之間雖有萬物當無二性既無二性是無萬物豈不混殽物理況物有常情皆欲自全無欲自害吾視天下之物固有相害相殛者如水滅火火焚木大魚食小魚強禽吞弱禽既天主即是各物豈天主自爲戕害而不及一存護乎然天主無可戕害之理從是說也吾身即上帝吾祭上帝即自爲祭耳益無是禮也果爾則天主可謂木石等物而人能耳順之乎其曰天主爲物之內本分則是天主微乎物矣凡全者皆其大于名分者也斗大于升升乃

斗十分之一耳外者包乎內若天主在物之內爲其本分則物大于天主而天主反小也萬物之原乃小乎其所生之物其然乎豈其然乎且問天主在人內分爲尊主歟爲賤役歟爲賤役而聽他分之命固不可也如爲尊主而專握一身之柄則天下宜無一人爲惡者何爲惡者滋衆耶天主爲善之本根德純無渣既爲一身之主猶致蔽於私欲恣爲邪行德何衰耶當其制作乾坤無爲不中節奚令司一身之行乃有不中者又爲諸戒原乃有不守戒者不能乎不識

乎不思乎不肯乎皆不可謂也其曰物如軀殼天主使用之若匠者使用其器械則天主尤非其物矣石匠非其鑿漁者非其網非其舟天主非其物何謂之同一體乎循此辨焉其說謂萬物行動不係於物皆天主事如械器之事皆使械器者之功夫不曰耜耒耕田乃曰農夫耕之不曰斧劈柴乃曰樵夫劈之不曰鋸斷板乃曰梓人斷之則是火莫焚水莫流鳥莫鳴獸莫走人莫騎馬乘車乃皆惟天主者也小人穴壁踰墻禦旅于野非其罪亦天主使之之罪乎何以

當惡怨其人懲戮其人乎爲善之人亦悉非其功何
爲當賞之乎亂天下者莫大於信是語矣且凡物不
以天主爲本分故散而不返歸于天主惟歸其所結
物類爾矣如物壞死而皆歸本分則將返歸天主不
謂壞死乃益生全人亦誰不悅速死以化歸上帝乎
孝子爲親厚置棺槨何不令考妣速化爲上尊乎嘗
證天主者始萬物而制作之者也其性渾全成就物
不及測窺謂之同吾審各物之性善而理精者謂天
主之迹可也謂之天主則謬矣試如見大跡印於路

因騐大人之足曾過于此不至以其跡爲大人觀畫之精妙慕其畫者曰高手之工而莫以是爲卽畫工天主生萬森之物以我推徵其原至精盡盛仰念愛慕無時可釋使或泥于偏説忘其本原豈不大誤夫誤之原非他由其不能辨乎物之所以然也所以然者有在物之內分如陰陽是也有在物之外分如作者之類是也天主作物爲其公作者則在物之外分矣第其在物且非一端或在物如在其所若人在家在庭焉或在物爲其分若手足在身陰陽在人焉或

依賴之在自立者如白在馬爲白馬寒在氷爲寒氷焉或在物如所以然之在其巳然若日光之在其所照水晶焉火在其所燒紅鐵焉以末揆端可云天主在物者耶如光雖在水晶火雖在鐵然而各物各體本性弗雜謂天主之在物如此固無所妨也但光可離水晶天主不可離物天主無形而無所不在不可截然分而別之故謂全在於全所可也謂全在各分亦可也中士曰聞明論先疑釋矣有謂人於天下之萬物皆一如何西士曰以人爲同乎天主過尊也以

人與物一謂人同乎土石過卑也由前之過懼有人欲爲禽獸由令之過懼人不欲爲土石夫率人類爲土石子從之乎其不可信不難辯矣寰宇間凡爲同之類者多矣或有異物同名之同如柳宿與柳樹是也或有同群之同以多口總聚爲一如一齊之羊皆爲同群一軍之卒皆爲同軍是也或有同理之同如根泉心三者相同蓋若根爲百枝之本泉爲百派之源心爲百脉之由是也此三者姑謂之同而實則異或有同宗之同如鳥獸通爲知覺列于各類是也或

有同類之同如此馬與彼馬共屬馬類此人與彼人共屬人類是也此二者畧可謂之同矣或有同體之同如四肢與一身同屬一體焉或其名不同而寔則同如放勳帝堯二名總爲一人焉茲二者乃爲眞同夫謂天下萬物皆同于此三等何居中士曰謂同體之同也曰君子以天下萬物爲一體者也間形體而分爾我則小人矣君子一體萬物非由作意緣吾心仁體如是豈惟君子雖小人之心亦莫不然西士曰前世之儒借萬物一體之說以翼愚民悅從于仁所

謂一體僅謂一原耳已如信之爲真一體將反滅仁義之道矣何爲其然耶仁義相施必待有二若以衆物實爲一體則是以衆物實爲一物而但以虛像爲之異耳彼虛像焉能相愛相敬哉故曰爲仁者推己及人也仁者以己及人也義者人老老長長也俱要人己之殊除人己之殊則畢除仁義之理矣設謂物都是己則但以愛己奉己爲仁義將小人惟知有己不知有人獨得仁義乎書言人己非徒言形乃兼言形性耳且夫仁德之厚在遠不在近近愛本體雖無

知覺者亦能之故水恒潤下就濕處奔同類以養存本體也火恒升上就乾處合同類以養全本性也近愛所親鳥獸亦能之故有跪乳反哺者近愛己家小人亦能之故常有苦勞行險阻爲竊盜以養其家屬者近愛本國庸人亦能之故常有群卒致命以禦強寇奸宄者獨至仁之君子能施遠愛包覆天下萬國而無所不及焉君子豈不知我一體彼一體此吾家吾國彼異家異國然以爲皆天主上帝生養之民物即分當兼切愛恤之豈若小人但愛己之骨肉者哉

中士曰謂以物爲一體乃仁義之賊何爲中庸列體
群臣於九經之內乎西士曰體物以譬喻言之無所
傷焉如以爲實言傷理不淺中庸令君體群臣君臣
同類者也豈草木瓦石皆可體耶吾聞君子於物也
愛之弗仁今使之於人爲一體必宜均仁之矣墨翟
兼愛人而先儒辯之爲非今勸仁土泥而時儒順之
爲是異哉天主之爲天地及其萬物萬有繁然或同
宗異類或同類異體或同體異用今欲強之爲一體
逆造物者之旨矣物以多端爲美故聚貝者欲貝之

多聚古器者欲器之多嗜味者欲味之多令天下物均紅色誰不厭之或紅或綠或白或青曰觀之不厭矣如樂音皆宮誰能聆之乍宮乍商乍角乍徵乍羽聞之三月食不知味矣外物如此內何不然乎吾前明釋各類以各性爲殊不可徒以貌異故石獅與活獅貌同類異石人與石獅貌異類同何也俱石類也嘗聞吾先生解類體之情曰自立之類同體者固同類同類者不必同體又曰全體者之行爲皆歸全體而弁指各肢設如右手能捄助患難則一身兩手皆

稱慈悲左手背偷非惟左手謂賊左手全體皆稱爲賊矣推此說也謂天下萬物一體則世人所爲盜所相謂跖一人爲盜而伯夷亦可謂盜武王一人爲仁而紂亦謂仁因其體同而同之豈不混各物之本行乎學士論物之分或有同體或有各體何用駢衆物爲同體蓋物相連則同體也相絕則異體也若一江之水在江內是與江水一體既注之一勺則勺中之水於江內水惟可謂同類豈仍謂同體焉泥天地萬物一體之論簡上帝混賞罰除類別滅仁義雖高士

信之我不敢不詆焉中士曰明論昭昭揆疑排異正教也人魂之不滅不化他物既聞命矣佛氏輪回六道戒殺之說傳聞聖教不與必有所誨望來日教之

西士曰丘陵既平蟻垤何有余久願折此子所嘗聞亦吾所喜講也

天主實義上卷終

天主實義下卷

耶穌會中人　利瑪竇述　燕貽堂梓

第五篇辯排輪廻六道戒殺生之謬說而揭齋素

正志

中士曰論人類有三般一曰人之在世謂生而非由前跡則死而無遺後跡矣一曰夫有前後與今三世也則吾所獲福禍於今世皆由前世所爲善惡吾所將遂於後世吉凶皆係今世所行正邪也今尊教曰人有今世之暫寄以定後世之永居則謂吾暫處此

世特當修德行善令後世常享之而以此爲行道路以彼爲至本家以此如立功以彼如受賞焉夫後世之論是矣前世之論將亦有從來乎西士曰古者吾西域有士名曰閉他臥剌其豪傑過人而質樸有所未盡常痛細民爲惡無忌則乘己聞名爲奇論以禁之爲言曰行不善者必來世後生有報或産艱貧賤之家或變禽獸之類暴虐者變爲虎豹驕傲者變爲獅子淫色者變爲犬豕貪得者變成牛驢偷盜者變作狐狸豺狼鷹鷂等物每有罪惡變必相應君子

斷之曰其意美其爲言不免玷缺也沮惡有正道奚用棄正而從枉乎旣沒之後門人少嗣其詞者彼時此語忽漏國外以及身毒釋氏圖立新門承此輪迴加之六道百端誑言輯書謂經數年之後漢人至其國而傳之中國此其來歷殊無眞傳可信實理可倚身毒微地也未班上國無文禮之教無德行之風諸國之史未之爲有無豈足以示普天之下哉中士曰覩所傳坤輿萬國全圖上應天度毫髮無差況又遠自歐邏巴躬入中華所言佛氏之國聞見必眞其國

之陋如彼也世人誤讀佛書信其淨土甚有願蚤死以復生彼國者良可笑矣吾中國人不習遠遊異域故其事恒未詳審雖然壞雖徧人雖陋苟所言之合理從之無傷西士曰夫輪迴之說其逆理者不勝數也茲惟舉四五大端一曰假如人魂遷往他身復生世界或爲別人或爲禽獸必不失其本性之靈當能記念前身所爲然吾絕無能記焉并無聞人有能記之者焉則無前世明甚中士曰佛老之書所載能記者甚多則固有記之者西士曰魔鬼欲誑人而從其

類故附人及獸身詒云爲其家于述其家事以徵其謬則有之記之者必佛老之徒或佛教入中國之後耳萬方萬類生死衆多古今所同何爲自佛氏而外異邪異門雖齊聖廣淵可記千卷萬句而不克記前世之一事乎人善忘奚至忘其父母弃忘巳之姓名獨其佛老之子弟以及畜類得以記而述之乎夫譃談以欺市井或有順之者在英俊之士辟雍庠序之間當論萬理之有無不笑且譏之鮮矣中士曰釋言人魂在禽獸之體本依前塑但其體不相稱故泥不

能達西士曰在他人之身則本體相稱矣亦何不能記前世之事乎吾昔已明釋人魂之爲神也夫神者行其本情不賴于身則雖在禽獸亦可以用本性之靈何不能達之有若果天主設此輪廻美醜之變必以勸善而懲惡也設吾弟明記前世所爲善惡何以驗今世所值吉凶果由前世因而勸乎懲乎則輪廻竟何益焉二曰當上帝最初生人以及禽獸未必定以有罪之人變之禽獸亦各賦之本類魂耳使今之禽獸有人魂則今之禽獸魂與古之禽獸魂異當必

今之靈而古之蠢也然吾未聞有異也則今之魂與古者等也三曰明道之士皆論魂有三品下品曰生魂此只扶所賦者生活長大是爲草木之魂中品曰覺魂此能扶所賦者生活長大而又使之以耳目視聽以口鼻啖嗅以肢體覺物情是爲禽獸之魂上品曰靈魂此兼生魂覺魂能扶植長大及覺物情而又俾所賦者能推論事物明辨理義是爲人類之魂若令禽獸之魂與人魂一則是魂特有二品不亦紊天下之通論乎凡物非徒以貌像定本性乃惟以魂定

之始有本魂然後爲本性有此本性然後定於此類旣定此類然後生此貌故性異同由魂異同焉類異同由性異同焉貌異同由類異同焉鳥獸之貌旣異乎人則類性魂豈不皆異乎人之格物窮理無他路焉以其表而徹其內觀其現而達其隱故吾欲知草木之何魂視其徒長大而無知覺則驗其內特有生魂矣欲知鳥獸之何魂視其徒知覺而不克論理則驗其特有覺魂矣欲知人類之何魂視其獨能論萬物之理明其獨有靈魂矣理如是明也而佛氏云禽

獸魂與人魂同靈傷理甚矣吾常聞殉佛有謬未嘗聞從理有誤也四曰人之體態奇俊與禽獸不同則其魂亦異譬匠人欲成椅卓必須用木欲成利器必須用鐵器物各異則所用之資亦異旣知人之體態不同禽獸則人之魂又安能與禽獸相同哉故知釋氏所云人之靈魂或託於別人之身或入於禽獸之體而回生於世間誠誑詞矣夫人自己之魂只合乎自己之身烏能以自己之魂而合乎他人之身哉又況乎異類之身哉亦猶刀只合乎刀之鞘劍只合乎

劍之鞘安能以刀合劍鞘耶五曰夫云人魂變獸矜無他據惟疑其前世盜行曾效其獸天主當從而罰之俾後世爲此獸耳然此非刑也順其欲孰謂之刑乎奸人之情生平滅巳氣㷔以肆行其所積內惡而尚只痛其具人面貌若有防碍使聞後世將改其形容而憑巳流恣詎不大快如暴虐者常習殘殺豈不欲身着利爪鋸牙爲虎爲狼晝夜以血汚口乎倨傲者習于欺人不識遜讓豈不樂長大其形生爲獅子爲衆獸之王乎賊盜者以偸人財貨度活何憂化爲

狐狸禀百巧媚以盡其情乎此等輩非但不以獸
爲刑乃反以爲恩矣天主至公至明其爲刑必不如
是也如曰自人之貴類入獸之賤類卽謂之刑吾意
爲惡之人却不自以生居人類爲貴大抵不理人道
而肆其獸情所羞者具此人面耳已今得脫其人面
而雜於獸醜無恥無忌甚得志也故輪迴之謊言蕩
詞於沮惡勸善無益而反有損也六曰彼言戒殺生
者恐我所屠牛馬卽是父母後身不忍殺之耳果疑
于此則何忍驅牛耕畎畆或駕之車乎何忍羈馬而

乘之路乎吾意弑其親與其勞苦之於耕田罪無大異也弑其親與恒加之以鞍而鞭辱之於市朝又等也然農事不可廢畜用不可免則何疑于戒殺之說而云人能變禽獸不可信矣中士曰夫人魂能爲禽獸者誠誑語也以欺無知小民耳君子何以信吾所騎馬爲吾父母兄弟親戚或君或師朋友乎信之而忍爲之亂人倫信之而不爲之是又廢畜養而必使不用於世人無所容手足矣故其說不可信也然若但言輪廻之後復爲他人乃皆同類亦似無傷西士曰

謂人魂能化禽獸信其說則盲用廢謂人魂能化他人身信其說將使夫婚姻之禮與夫使令之役皆有窒礙難行者焉何者爾所娶女子誰知其非爾先化之母或後身作異姓之女者乎誰知爾所役僕所詈責小人非或兄弟親戚君師朋友後身乎此又非大亂人倫者乎總之人既不能變爲禽獸則亦不能變化他人理甚著明也中士曰前言人魂不滅是往者俱在也有疑使無輪迴以銷變之宇內豈能容此多鬼哉西士曰疑此者弗識天地之廣濶者也則意若

易充也又弗通神之性態者也以爲其有充所也形者在所故能充于所神無形則何以滿其所乎一粒之大而萬神宅焉豈惟徃者將來靈魂並容不礙也豈用因是而爲輪廻妄論哉中士曰輪廻之説自二氏出吾儒亦必信之然彼戒殺生者恐近於仁天主爲慈之宗何爲弗與西士曰設人果變爲禽獸君子固戒殺小物如殺人比彼雖殼貌有異均是人也迺因信此誕説俯從齊素以戒殺生亦自不遜矣有人日日殺人而食其肉且復歸依仁慈而曰無與我不

殺人不食其肉但以餘日殺而食之可謂戒哉其心忍恣殺于二十八日彼二日之戒何能增何能減其惡之盡乎夫吾旣明證無變禽獸之理則并著無殺生之戒也試觀天主生是天地及是萬物無一非生之以爲人用者夫日月星辰麗天以我照也照萬色以我看也生萬物以遂我用也五色悅我目五音娛我耳諸味諸香之彙以甘我口鼻百端輭煖之物以安逸我四肢百端之藥材以醫療我疾病外養我身內調我心故我當常感天主尊恩而時謹用之烏獸

或有毛羽皮革可爲裘履或有寶牙角殼可制奇器
或有妙藥好治病疾或有美味能育吾老幼吾奚不
取而使之哉借使天主不許人宰芻豢而付之美味
豈非徒付之乎豈非誘人犯令而陷溺之於罪乎且
自古及今萬國聖賢咸殺生食葷而不以此爲悔亦
不以此爲違戒亦豈宜罪聖賢以地獄而嘉與二三
持齋無德之輩躋之天堂乎此無乃非達者之言歟
中士曰世界之物多有無益乎人且害之者如毒虫
蛇虎狼等所言天主生萬物一一以爲人用似非然

西士曰物體幽眇其用廣繁故凡人或有所未能盡
達而反以見害此自人才之蔽耳人固有二曰外人
所謂身體也曰內人所謂魂神也比此二者則內人
爲尊毒蟲虎狼險外人而寧內人卒可謂益於人焉
夫傷身體之物俗稱惡物而其警我畏天主之怒使
知以天以水以火以蟲皆能責人之犯命者吾于是
不得不戒懼以時祈乞其助時念望之豈非內正人
者之大資乎且天主悲惜小人之心全在於地惟泥
於今世而不知惺望天堂及後世高上事情是以兼

彼醜毒干本界欲拯拔之焉況天生物立世界俾萬物或養生或利用皆以供事我輩原不爲害自我輩忤逆上帝物始亦忤逆我則此害非天主物旨乃我自招之耳中士曰天主生生者必愛其生而不欲其死則戒殺生順合其尊旨矣西士曰草木亦禀生魂均爲生類爾日取菜以茹折薪以焚而殘忍其命必將曰天主生此菜薪以憑人用耳則用而無妨我亦曰天主生彼鳥獸以隨我使耳則殺而使之以養人命何傷乎仁之範惟言無欲人加諸我我勿

欲加諸人耳不言勿欲加諸禽獸者且天下之法律但禁殺人無制殺鳥獸者夫鳥獸草木與財貨並行惟用之有節足矣故孟軻示世主以數罟不可入洿池而斧斤以時入山林非不用也中士曰草木雖爲生類然而無血無知覺是與禽獸異者也故釋氏戕之而無容悲西士曰謂草木爲無血乎是僅知紅色者之爲血而不知白者綠者之未始非血也夫天下形生者必以養而所以得養者津液存焉則凡津液之流貫皆血矣何必紅者試觀水族中如蝦如蠏多

無紅血而釋氏弗茹蔬菜中亦有紅液而釋氏茹之
不禁則何其重愛禽獸之血而輕棄草木之血乎且
不殺知覺之物以其能痛也已我減不欲其痛豈獨
不殺即勞之役之將有所不可凡牛之耕野馬之驂
乘未免終身之患豈伊不長有痛乎較殺之之痛止
在一時者又遠矣況禁殺牲反有害於牲蓋禽獸爲
人用故人飼畜之飼畜之而後禽獸益蕃多也如不
得之以爲用人豈畜之乎朝捐不急之官家黜無能
之僕而況畜類乎西虜懼食豕而一國無豕天下而

皆西虜則豕之種類滅矣故愛之而反以害之殺之
而反以生之是禁殺牲者大有損于牧牲之道矣中
士曰如此則齋素無所用耶西士曰因戒殺生而用
齋素此殆小不忍也然齋有三志識此三志滋切滋
崇矣夫世固少有今日賢而先日不爲不肖者也必
有今日順道而昔日未嘗逆厥道者也厥道也者天
主銘之於心而命聖賢布之板冊犯之者必得罪于
上帝所從得罪者益尊則罪益重君子雖已遷善豈
恬然于往所得罪乎曩者所爲不善人或赦弗追究

爾已時記之愧之悔之設無深悔吾痛既失於前焉
可望免之于後也況夫今之爲善君子不自滿足將
必以闚已之短爲離婁以視已之長爲盲瞽焉所責
備諸已者精且厚人雖稍以俊傑而已愧怍如不置
也所省察於心者密且詳人雖謂其備美而已勤敬
如猶戲也詎徒譙于言乎詎徒悔于心乎深自羞耻
奚堪歡樂則貶食減飡除其殺味而惟取其淡素凡
一身之用自擇粗陋自苦自責以贖已之舊惡及其
新罪晨夜惶惶稽顙于天主臺下哀憫涕淚冀洗已

汚敢妄自居聖而誇無過妄自饒已而須他人審判其非也乎所以躬自懲詰不必姑恕或者天主惻恤而免宥之不再鞫也此齋素正志之說一也夫德之為業人類本業也聞其說無不悅而願急事焉但被私欲所發者先已纂人心而擅主之反相壓難憤激攻伐大抵平生所行悉供其役耳是以凡有所事弗因義之所令惟因欲之所樂睹其向容則人觀其行於禽何擇乎蓋私欲之樂乃義之敵塞智慮而蒙理竅與德無交世界之瘟病莫凶乎此矣他病之害止

于軀殼欲之毒藥通吾心髓而大殘元性也若以義之伉對攝一心之專權理不幾亡而厥德尚有地可居乎嗚呼私欲之樂微賤也遍過也而屢貽長悔于心以卑短之樂售末久之憂非智之謂也然私欲惟自本身藉力逞其勇猛故遏其私欲當先約其本身之氣學道者須寡欲而豐養身比方須滅火而益加薪可得哉君子欲飲食特所以存命小人欲存命特所以飲食夫誠有志於道恕視是身若寇讐然不獲已而姑畜之且何云不獲已歟吾雖元未嘗爲身而

生但無身又不得而生則服食爲腹饑之藥服飮爲口渴之藥耳誰有取藥而不惟以其病之所要爲度數焉者性之所嗜寡而易營多品之味佳而難遂蓋人欲者之所圖而以其所養人類反而賊人則謂飮食殛人多乎刀兵可也今未論所害于身只指所傷乎心僕從過健恐忤抗其主也血氣過强定傾危乎志也志危即五欲肆其惡而色慾尤甚豐味不恣腹色慾何從發淡飮薄食色氣潛餒一身既理約諸欲自服理矣此齋素正志之說三也且本世者苦世也

非索覓之世矣天主實我於是促促焉務脩其道之不暇非以奉悅此肌膚也然吾無能竟辭諸樂也無清樂必求淫者無正樂必尋邪者得彼則失此故君子常自習其心快以道德之事不令含憂困而有望乎外又時簡畧躰膚之樂恐其透于心而侵奪其本樂焉夫德行之樂乃靈魂之本樂也吾以兹與天神侔矣飲食之娛乃身之竊愉也吾以兹與禽獸同矣吾益增德行之娛於心益近至天神矣益減飲食之樂于身益遜離禽獸矣吁可不慎哉仁義令人心明

五味令人口爽積善之樂甚即有大利乎心而于身
無害也豐膳之樂繁而身心俱見深傷矣腹充飽以
殽饌必垂下而墜已志於汚賤如此則安能抽其心
於塵垢而起高曠之慮乎哉惡者覩人盤樂而已無
之斯嫉妒之矣善者視之則反憐恤之而讓已曰彼
殉汚賤事而猶好之如此懇求之如此吾既志於上
乘而未能聊味之未能略備之且寧如此懈惰而不
勉乎哉世人之疢無他也心病而不知德之佳味耳
覺其味則膏粱可輕矣謂自得其樂也此二味者更

逡出入於人心而不可同往者也欲內此必先出彼也古昔有貢我西國二獵犬者皆良種也王以一寄國中顯臣家以其一寄郊外農舍並使畜之已壯而王出田獵試焉二犬齊縱入圍農舍之所畜犬身臞體輕走齅禽跡疾趨獲禽無算顯家所養犬雖潔肥容美足觀也然但習肉食充腸安佚四肢不能馳驟則見禽不顧而忽遇路傍腐骨即就而齧之齧畢不動矣從獵者知其原同一母而出則異之王曰此不足怪豈惟畜哉人亦莫不如是也皆係於養耳矣夫

之以佚豢飫飽必無所進于善也養之以煩勞儉約必不悞君所望矣若曰凡人習於膳美厚膳見禮義之事不暇惟俛焉而就食耳習於精理微義遇飲食之玩亦不暇必思焉而殉理義耳此齋素正志之說三也夫齋有多端予偏延天下多國已備聞之或不拘飧味但終晝不食迄星夜雜食衆味此謂時齋或不論時飧惟戒諸葷而隨時茹素此謂味齋或不擇味時特一日間食一飧耳此謂飧齋或飧時味皆有所拘只午時茹素一頓而惟禁止肉食屬陽者其海

味屬陰者不戒此謂公齋或禁止火食終身山穴專以野草根度生茲歐邏巴山中甚衆此謂私齋也然夫數等之所齋總歸責屈本己要在視其人視其身何如耳富貴膏粱減取其常亦可謂齋彼賤家民時習粗糲不可以爲齋也不則丐子可謂至齋也又須量本身之力何如有衰病者未免時以滋味養身也有行役者勞其四肢不容久餓故天主　教制老者六旬已上穉者二旬已下身病者乳子幼少力爲僕夫者皆不在齋程之內夫戒口之齋非齋也乃齋之

末節也究齋之意總爲私欲之遏不可不敦不盡矣是以持齋而捨敬戒譬如藏璞而飾其玉無知也中士曰善哉法語眞齋之正旨也吾俗行齋者非緣貪之而持齋以餬口必其偷取善名而陰以欺人者也當發而致齋幽獨而無人酒色忿怒不義貨財讒賢毀善無所不有嗚呼人目不能逃能豫上帝乎幸領高論尚願盡其問西士曰道邃且廣不博問不可約守詳問即誠意之效也何傷夫

第六篇釋解意不可滅并論死後必有天堂地獄

之賞罰以報世人所爲善惡

中士曰承教一則崇上帝爲萬尊之至尊一則貴人品爲至尊之次但以天堂地獄爲言恐未或天主之教也夫因趣利避害之故爲善禁惡是乃善利惡害非善善惡惡正志也吾古聖賢教世弗言利惟言仁義耳君子爲善無意況有利害之意耶西士曰吾先荅子之末語然後荅子之本問彼滅意之說固異端之詞非儒人之本論也儒者以誠意爲正心修身齊家治國平天下之根基何能無意乎高臺無堅基不

克起儒學無誠意不能立矣設自正心至平天下凡所行事皆不得有意則奚論其意誠乎虛乎譬有琴於市使吾不宜奏何以售之何拘其古琴今琴歟且意非有體之類乃心之用耳用方爲意即有邪正若令君子畢竟無意不知何時誠乎大學言齊治均平必以意誠爲要不誠則無物矣意於心如視於目目不可却視則心不可除意也君子所謂無意者虛意私意邪意也如云滅意是不達儒者之學不知善惡之原也善惡德慝俱由意之正邪無意則無善惡無

君子小人之判矣中士曰毋意毋善毋惡世儒固有其說西士曰此學欲人爲土石者耳謂上帝宗義有是哉若上帝無意無善亦將等之乎土石也謂之理學悲哉悲哉昔老莊亦有勿爲勿意勿辯之語然已所著經書其從者所爲註解意固欲易天下而僉從此一端大若書獨非爲乎意易天下獨非意乎既不可辯必非又何辯辯是非者乎辯天下名理獨非辯乎則既已自相戾矣而欲師萬世也難哉吾觀世人爲事如射焉中的則謂善不中則爲惡天主者自然

中于的者也有至純之善無纖芥之惡其德至也吾儕則有小有不中矣其所脩之德有限故德有不到即行非行所不中而善惡參焉爲善禁惡縱有所猶恐不及況無心乎其餘無意之物如金石草木類然後無德無慝無善無惡如以無意無慾無脩道是金石草木之而後成其道可中士曰老莊之徒只欲全其天年故屏意棄善惡以絕心之累也二帝三王周公孔子皆苦心盡力脩德於己以施及於民非止于至善不敢息誰有務全身滅意遁逃以免其百歲之

數者哉縱克其百歲之壽亦不能及大龜一朽樹之壽也而徒以加二三旬之暫於此纔身竟何濟哉然二氏無足詆所言德慝善惡俱出意其詳何如聞夫順理者即爲善而稱之德行犯理者即爲惡而稱之不才則顧行事如何於意似無相屬西士曰理易辯也凡世物既有其意又有能縱止其意者然後有德有慝有善有惡焉意者心之發也金石草木無心則無意故鏌鋣傷人復讐者不折鏌鋣飄瓦損人首忮心者不怨飄瓦然鏌鋣截斷無與其功者瓦蔽風雨

民無酬謝所為無心無意是以無德無慝無善無惡
而無可以賞罰之若禽獸者可謂有禽獸之心與意
矣但無靈心以辯可否隨所感觸任意速發不能以
理為之節制其所為是禮非禮不但不得已且亦不
自知有何善惡之可論乎是以天下諸邦所制法律
無有刑禽獸之惡賞禽獸之德者惟人不然行事在
外理心在內是非當否嘗能知覺兼能縱止雖有獸
心之欲若能理心為主獸心豈能違我主心之命故
吾發意從理即為德行君子天主祐之吾溺意獸心

即爲犯罪小人天主且棄之矣嬰兒擊母無以咎之其未有以檢己意也及其壯而能識可否則何待于擊稍逆其親即加不孝之罪矣昔有二弓士一之山野見叢有伏者如虎慮將傷人因射之偶誤中人一登樹林恍惚傍視行動如人亦射刺之而寔乃鹿也彼前一人果殺人者然而意在射虎斷當從後一人雖殺野鹿而意在刺人斷當貶奚由焉由意之美醜異也則意爲善惡之原明著矣中士曰子爲養親行盜其意善矣而不免于法何如西士曰吾西國有公

論曰善者成乎全惡者成于一試言其故人旣爲盜雖其餘行悉義但呼爲惡不可稱善所謂西子蒙不潔則人皆掩鼻而過之譬如水甕週圍厚堅惟底有一罅水從此漏此甕決爲無用碎瓦惡之爲情甚毒也捨己之財普濟貧乏以竊善聲而得非所得之位所爲雖當其意實枉則其事盡爲不直蓋醜意汚其善行也子爲親竊人財物其事旣惡何有善意吾言正意爲爲善之本惟謂行吾正勿行吾邪偷盜之事固邪也雖襲之以義意不爲正矣爲纖微之不善可

以捄天下萬民猶且不可爲矧以育三口乎爲善正意惟行當行之事故意益高則善益精若意益陋則善益粗是故意宜養宜誠也何滅之有哉中士曰聖人之教縱不滅意而其意不在功效只在脩德故勸善而指德之美不指賞沮惡而言惡之罪不言罰

西士曰聖人之教在經傳其勸善必以賞其沮惡必以懲矣舜典曰象以典刑流宥五刑又曰三載考績三考黜陟幽明庶績咸熙分北三苗皐陶謨曰天命有德五服五章哉天討有罪五刑五用哉益稷謨曰

帝曰迪朕德時乃功惟敘皐陶方祗厥敘方施象刑
惟明盤庚曰無有遠邇用罪伐厥死用德彰厥善邦
之臧惟汝衆邦之不臧惟予一人佚罰又曰乃有不
吉不迪顛越不恭暫遇奸宄我乃劓殄滅之無遺育
無俾易種于茲新邑泰誓武王曰爾衆士其尚迪果
毅以登乃辟功多有厚賞不迪有顯戮又曰爾所弗
勗其于爾躬有戮康誥曰乃其速由文王作罰刑茲
無赦多士曰爾克敬天惟畀矜爾爾不克敬爾不啻
不有爾土予亦致天之罰于爾躬多方又曰爾乃惟

逖惟頗大遠王命則惟爾多方探天之威我則致天之罰離逖爾土此二帝三代之語皆言賞罰固皆係利害言之中士曰春秋者孔聖之親筆言是非不言利害也西士曰俗之利害有三等一曰身之利害此以肢體寧壽爲利以危夭爲害二曰財貨之利害此以廣田畜充金貝爲利以減耗失之爲害三曰名聲之利害此以顯名休譽爲利以譴斥毀汚爲害也春秋存其一而不及其二者也然世俗大槩重名聲之利害而輕身財之損益故謂春秋成而亂臣賊子懼

亂臣賊子奚懼焉非懼惡名之爲害不已乎孟軻首以仁義爲題厥後每會時君勸行仁政猶以不王者未之有也爲結語王天下顧非利哉人孰不悅利于朋友利于親戚如利不可經心則何以欲歸之友親乎仁之方曰不欲諸已勿加諸人既不宜望利以爲已猶必當廣利以爲人以是知利無所傷于德也利所以不可言者乃其僞乃其悖義者耳易曰利者義之和也又曰利用安身以崇德也諭利之大雖至王天下猶爲利之微况戰國之主雖行仁政未必能王

雖使能王天下一君耳不取之此不得予乎彼夫世之利也如是耳矣吾所指來世之利也至大也至實也而無相碍縱盡人得之莫相奪也以此為利王欲利其國大夫欲利其家士庶欲利其身上下爭先天下方安方治矣重來世之益者必輕現世之利輕現世之利而好犯上爭奪弒父弒君未之聞也使民皆望後世之利為政何有中士曰嘗聞之何必曰利意未來惟從今日眼前事此是實語何論後世西士曰陋哉使犬彘能言也無異此矣西域上古有一人士

教專以快樂無憂為務彼時亦有從之者自題其墓碑曰汝今當飲食懽戲死後無樂兮諸儒稱其門為猪窩門也詎貴邦有暗契之者夫無遠慮必有近憂猷之不遠詩人所刺吾視人愈智其思愈遠人愈愚其思愈邇凡民之類豈可不預防未來先謀未逮者乎農夫耕稼於春圖秋之穡松樹百年始結子而有藝之所謂園翁植樹爾玄孫攀其子者行旅者周沿江湖與老之安居鄉土百工勤習其業期獲所賴士髫丱勤苦博學欲後輔國匡君夫均不以眼前今日

之事爲急者也不肖子敗其先業虞公喪國夏桀殷紂失天下此非不慮悠遠徒嘗今日眼前事者乎中士曰然但吾在今世則所慮雖遠止在本世耳死後之事似迂也西士曰仲尼作春秋其孫著中庸厥慮俱在萬世之後夫慮爲他人而諸君子不以爲迂吾慮爲己惟及二世而子以爲迂乎童子圖既壯之事未知厥能至壯否而莫之謂遠也吾圖死後之事或即詰朝之事而子以爲遠乎子之婚也奚冀得子孫

中士曰以有治喪塟墳墓祭祀之事也西士曰然是

亦死後之事矣吾既死所留者二不能朽者精神速腐者髑髏我以不能朽者爲切乎尚以速腐者爲慮可謂我迂乎中士曰行善以致現世之利遠現世之害君子且非之來世之利害又何足論歟西士曰來世之利害甚眞大非今世之可比也吾今所見者利害之影耳故今世之事或凶或吉俱不足言也吾聞師之喻曰人生世間如俳優在戲場所爲俗業如搬演雜劇諸帝王宰官士人奴隸后妃婢媵皆一時粧餙之耳則其所衣衣非其衣所逢利害不及其躬搬

濵旣畢解去粧飾漫然不復相關故俳優不以分位高卑長短為憂喜惟扮所承脚色雖丐子亦真切為之以中主人之意耳已盖分位在他充位在我吾曹在于茲世雖百歲之久較之後世萬禩之無窮烏足以當冬之一日乎所得財物假貸為用非我為之真主何徒以增而悅以減而愁不論君子小人咸赤身空出赤身空返臨終而去雖遺金千笈積在庫內不帶一毫何必以是為留意哉今世偽事已終即後世之真情起矣而後乃各取其所宜之貴賤也若以今

世利害爲眞何異乎蠢民看戲以粧帝王者爲眞貴人以粧奴隸者爲眞下人乎意之爲情精粗不齊負敎世之責者孰先布其麄而後不闡其精必旣切琢而後磋磨矣需醫者惟病者非謂瘳者也需吾教者惟小人耳已君子固自知之故教宜曲就小人之意也孔子至衛見民衆欲先富而後教之詎不知教爲滋重乎但小民由利而後可迪乎義耳凡行善者有正意三狀下曰因登天堂免地獄之意中曰因報答所重蒙天主恩德之意上曰因翕順天主聖旨之意

也教之所望乎學者在其成就耳不獲已而先指其端焉民溺于利久矣不以利迪之害駭之莫之引領也然上意至則下意無所容而去矣如縫錦繡之衣必用絲線但無鐵鍼線不能入然而其鍼一進即過所庸留於衣裳者絲線耳已吾欲引人歸德若但舉其德之美夫人已昧於私欲何以覺之乎言不入其心即不願聽而去惟先怵惕之以地獄之苦誘導之以天堂之樂將必傾耳欲聽而漸就乎善善惡惡之成旨成者望則鍼者化去而獨其成就恒存焉故曰

惡者惡惡因懼刑也善者惡惡因愛德也徃時敝邑出一名聖神令人稱爲拂郎祭斯縠首立一會其規戒精嚴以廉爲尚今從者有數萬友皆成德之士也初有親炙一友名曰如泥伯陸會中無與比者其學豁然日增無息有一邪鬼憎妬欲沮之僞化天神旁射輝光夜見於聖神私居曰天神諭爾如尼伯陸德誠隆也雖然終不得躋天堂必墮地獄天主嚴命已定不可易也言訖弗見拂郎祭斯縠驚愁不敢洩而心深痛惜毎見如尼伯陸不覺涕淚如尼伯陸屢見

而疑之已齋宿赴師座問曰某也日夜守戒奉敬天主在閣教邇日以來覺先生自有異也何以數涕淚于弟子拂郎察斯穀初不肯答再三懇請盡述向所見聞如尼伯陞怡然曰是何足憂乎天主主宰人物惟其旨所置之上天下地吾儕無不奉焉吾所爲敬愛之者非爲天堂地獄爲其至尊至善自當敬自當愛耳今雖棄我何敢毫髮懈惰惟益加敬慎事之恐在地獄時即欲奉事而不可及矣拂郎察斯穀覩其容也聽其語也恍然悟而嘆曰懼哉前者所聞

有學道如斯而應受地獄殃者乎天主必躋爾天堂
矣夫此天堂地獄其在成德之士少借此意以取樂
而免苦也多以修其仁義而已矣何者天堂非他乃
古今仁義之人所聚光明之宇地獄亦非他乃古今
罪惡之人所流穢汚之域升天堂者已安其心乎善
不能易也其落地獄者已定其心乎惡不克改也吾
願定心於德勿移于不善吾願長近仁義之君子求
離罪惡之小人誰云以利害分志而在正道之外乎
儒者攻天堂地獄之說是未察此理耳已中士曰茲

與浮屠勸世輪廻變禽獸之說何殊西士曰遠矣彼用虛無者僞詞吾用實有者至理彼言輪廻往生止于言利吾言天堂地獄利害明揭利以引入于義豈無辯乎且夫賢者修德雖無天堂地獄不敢自已況實有之中士曰善惡有報但云必在本世或不於本身必於子孫耳不必言天堂地獄西士曰本世之報微矣不足以充人心之欲又不滿誠德之功不足現上帝賞善之力量也公相之位極重之酬矣若以償德之價萬不償一矣天下固無可以償德之價者也

修德者雖不望報上帝之尊豈有不報之盡滿者乎王者酬臣之功賞以三公足矣上帝之酧而於是乎止乎人之短于量也如是夫世之仁者不仁者皆屢有無嗣者其善惡何如報也我自爲我子孫自爲子孫夫我所親行善惡盡以還之子孫其可爲公乎且問天主既能報人善惡何有能報其子孫而不能報及其躬苟能報及其躬何以捨此而遂俟其子孫乎且其子孫又有子孫之善惡何以爲報亦將俟其子孫之子孫以酧之歟爾爲善子孫爲惡則將舉爾所

當享之賞而盡加諸其爲惡之身乎可謂義乎爾爲惡子孫爲善則將舉爾所當受之刑而盡置諸其爲善之躬乎可爲仁乎非但王者即霸者之法罪不及冑天主捨其本身而惟冑是報耶更善惡之報於他人之身紊宇內之恒理而俾民疑上帝之仁義無所益於爲政不如各任其報耳中士曰先生曾見有天堂地獄而決曰有西士曰吾子已見無天堂地獄而決曰無何不記前所云乎智者不必以肉眼所見之事方信其有理之所見者真于肉眼夫耳目之覺或

常有差理之所是必無謬也中士曰願聞此理西士曰一曰凡物類各有本性所向必至是而定止焉得此則無復他望矣人類亦必有止然觀人之常情未有以本世之事爲足者則其心之所止不在本世明也不在本世非在後世天堂歟蓋人心之所向惟在全福衆福備處乃謂天堂是以人情未迄于是未免有異焉全福之內含壽無疆人世之壽雖欲信天地人三皇及楚之冥靈上古大椿其壽終有界限則現世悉有缺也所謂世間無全福彼貪於此則有之至

于天堂則止弗可尚人性于是止耳二曰人之所願乃知無窮之真乃好無量之好今之世也真有窮好有量矣則於是不得盡其性矣夫性是天主所賦豈徒然賦之必將充之亦必於來世盡充之三曰德于此無價也雖舉天下萬國而市之未足以還德之所值苟不以天堂報之則有德者不得其報稱矣得罪上帝其罪不勝重雖以天下之極刑誅之不滿其咎苟不以地獄永永殃之則有罪者不得其報稱矣天主掌握天下人所行而德罪無報稱未之有也四曰

上帝報應無私善者必賞惡者必罰如今世之人亦有爲惡而富貴安樂爲善而貧賤苦難者上帝固待其人之既死然後取其善者之魂而天堂福之審其惡者之魂而地獄刑之不然何以明至公至審乎中士曰善惡之報亦有現世何如西士曰設令善惡之報咸待于來世則愚人不知來世之應者何以驗天上之有主者將益放恣無忌故犯彝者時遇饑荒之災以懲其前而戒其後順理者時蒙吉福之降以酬于往而勸其來也然天主至公無不盡賞之善無不

盡罰之惡故終身爲善不易其心則應登天堂享大福樂而賞之終身爲惡至死不悛則宜墮地獄受重禍災而罰之其有爲善而貧賤者或因爲善之中有小過惡焉故上帝以是現報之至於歿後既無所欠則入全福之域永享常樂矣亦有爲惡而富貴者乃行惡之際並有微善存焉故上帝以是償之及其死後既無可舉則陷深陰之獄永受罪苦矣夫宇宙內外災祥由天主歟由命歟天主令外固無他命也中士曰儒者以聖人爲宗聖人以經傳示教遍察吾經

傳通無天堂地獄之說豈聖人有未達此理乎何以隱而未著西士曰聖人傳教視世之能載故有數傳不盡者又或有面語而未悉錄于册者或已錄而後失者或後頑史不信因削去之者況事物之文時有換易不可以無其文卽云無其事也今儒之謬攻古書不可勝言焉急乎文緩乎意故今之文雖隆今之行實衰詩曰文王在上於昭于天文王陟降在帝左右又曰世有哲王三后在天召誥曰天旣遐終大邦殷之命茲殷多先哲王在天夫在上在天在帝左右

非天堂之謂其何歟中士曰察此經語古之聖人巳信死後固有樂地爲善者所居矣然地獄之說絕無可徵于經者西士曰有天堂自有地獄二者不能相無其理一耳如眞文王殷于周公在天堂上則桀紂盜跖必在地獄下矣行異則受不同理之常固不容疑也緣此人之臨終滋賢者則滋舒泰而畧無駭色焉滋不肖則滋逼迫而以死爲痛苦不幸之極焉若以經書之未載爲非眞且悞甚矣西庠論之訣曰正書可證其有不可證其無吾西國古經載昔天主開

闢天地即生一男名曰亞黨一女名曰阨襪是爲世人之祖而不書伏羲神農二帝吾以此觀之可證當時果有亞黨阨襪二人然而不可證其後之無伏羲神農二帝也若自中國之書觀之可證古有伏羲神農于中國而不可證無亞黨阨襪二祖也不然禹蹟不寫大西諸國可謂天下無大西諸國哉故儒者雖未明辯天堂地獄之理然不宜因而不信也中士曰善者登天堂惡者墮地獄設有不善不惡之輩死後當往何處西士曰善惡無間非善即惡非惡即善惟

善惡之中有巨微之別耳善惡譬若生死人不生則死未死則生固無弗生弗死者也中士曰使有人先爲善後變而爲惡有先爲惡後改而爲善茲二人身後何如西士曰天主乃萬靈之父限本世之界以勸吾儕于德必以瀕死之候爲定故平生爲善須更變心向惡而死便爲犯人則受地獄常永之殃其前善惟未滅耳平生爲惡今日改心歸善而死則天主必扶而宥之免前罪而授天堂萬年永常受福也中士曰如此則平生之惡無報焉西士曰天主經云人改

惡之後或自悔之深或以苦勞本身自懲于以求天
主之宥天主必且赦之而死後即可昇天也倘悔不
深自苦不及前罪則地獄之內另有一處以償此等
人或受數日數年之殃以補在世不滿之罪報也補
之盡則亦躡天其理如此中士曰心悟此理之是第
先賢之書云何必信天堂地獄如有天堂君子必登
之如有地獄小人必入之吾當爲君子則已此語殆
幾得之西士曰此語固失之何以知其然乎有天堂
君子登之必也但弗信天堂地獄之理決非君子中

士曰何也西士曰且問乎子不信有上帝其君子人歟否歟中士曰否詩曰維此文王小心翼翼昭事上帝孰謂君子而弗信上帝者西士曰不信上帝至仁至公其君子人歟否歟中士曰否上帝爲仁之原也萬物公主也孰謂君子而弗信其至仁至公者耶西士曰仁者爲能愛人能惡人苟上帝不予善人升天堂何足云能愛人不途惡人于地獄何足云能惡人乎夫世之賞罰大畧未能盡公若不待身後以天堂地獄還各行之當然則不免乎私焉弗信此烏信上

帝爲仁爲公哉且夫天堂地獄之報中華佛老二氏信之儒之智者亦從之太東太西諸大邦無疑之天主聖經載之吾前著揭明理而顯之則拗逆者必非君子也中士曰如此則固信之矣然尚願聞其說西士曰難言也天主經中特舉其槩不詳傳之然天地獄之刑於今世之殃畧近吾可借而比焉彼天堂之快樂何能言乎夫本世之患有息有終地獄之苦無間無窮聖賢論地獄分其苦勞二般或責其內中或責其表外若凍熱之不勝臭穢之難當饑渴之至極

是外患也若戰慄視厲鬼魔威恨妒瞻天神福樂愧悔無及憶已前行乃內禍也雖然罪人所傷痛莫深乎所失之巨福也故常哀哭自悔曰悲哉吾生前爲溼樂之微失無窮之福而溺于此萬苦之聚谷乎今欲改過免此而已遲欲死而畢命以脫此而不得蓋此非改過之時天主公法所使以刑具苦痛其人不令毀滅其體而以悠久受殃也夫不欲死後落地獄全在生時思省思其苦思其勞思則戒戒則不[illegible]溺之事而地獄可免焉設地獄之嚴刑不足以[illegible]

心天堂之福當必望之經曰天堂之樂天主所備以待仁人者目所未見耳所未聞人心所未及忖度者也從是可微其處爲衆吉所歸諸宂之所遠焉夫欲度天堂光景且當縱目觀玆天地萬物現在奇麗之景多有令人歎息無已者而即復推思此乃上帝設之以爲人民鳥獸共用之具爲善與作惡同寓之所猶且制作成就如此若其獨爲善人造作全福之處更當何如哉必也常爲暄春無寒暑之迭累常見光明無暮夜之屢更其人常快樂無憂懟哀哭之苦常

舒泰無危險韶華之容常駐不變歲年來往大壽無減常生不滅周旋左右于上帝世俗之人烏能達之烏能言釋之哉夫衆福吉之濬泉聖神所常嗜所常食嗜而未始之食而未始饜也此其所享不等僉由生時所爲之德功有多寡而享福隨之無有胥憎何者各滿其量也譬長身者長衣短身者短衣長短各得其所欲何憎之有衆德爲侶和順親愛俯視地獄之苦豈不更增快樂也乎白者比黑而彌白光者比暗而彌光也天主正教以此須訓于世而吾輩拘於

目所恒覩不明未見之理比如因婦懷胎產子暗獄其子至長而未知日月之光山水人物之嘉只以大燭爲日小燭爲月以獄內人物爲齊整無以尚也則不覺獄中之苦殆以爲樂不思出矣若其母語之以日月之光輝貴顯之粧飾天地境界之文章廣大數萬里高億萬丈而後知容光之細柃柃之苦囹圄之窄穢則不肯復安爲家矣乃始晝夜圖脫其手足之桎梏而出尋朋友親戚之樂矣世人不信天堂地獄或疑或誚豈不悲哉[illegible]悲哉世人不爲二氏所

誕則蕩蕩如無牧之群以苦世爲樂地天堂耳茲語也慈母之訓也吾已知有本家尚俱習回家之路西士曰正路茅塞邪路交關向行不知其路而妄爲引者眞似僞也僞近眞也不可錯認也向福而卒至萬苦畢彼行路愼之哉

第七篇論人性本善而述天主門士正學

中士曰先辱示以天主爲兆民尊父則知宜慕愛次示人類靈魂身後不滅則知本世暫寄不可爲重復聞且有天堂爲善者昇焉君彼已定心修德以事上

帝與神人為侶况有地獄居彼已定心不敢惡以受刑殃致萬世不可脫也茲欲詢事天主正道夫吾儒之學以率性為修道設使性善則率之無錯若或非盡善性固不足恃也柰何西士曰吾觀儒書嘗論性情而未見定論之訣故一門之中恒出異說知事而不知已本知之亦非知也欲知人性其本善耶先論何謂性何謂善惡夫性也者非他乃各物類之本體耳曰各物類也則同類同性異類異性曰本也則凡在別類理中即非茲類本性曰體也則凡不在其物

之體界內亦非性也但物有自立者而性亦爲自立有依賴者而性兼爲依賴可愛可欲謂善可惡可疾謂惡也通此義者可以論人性之善否矣西儒說人云是乃生覺者能推論理也曰生以別于金石曰覺以異于草木曰能推論理以殊乎鳥獸曰推論不直曰明達又以分之乎鬼神鬼神者徹盡物理如照如視不待推論人也者以其前推明其後以其顯驗其隱以其既曉及其所未曉也故曰能推論理者立人於本類而別其體於他物乃所謂人性也仁義禮智

在推理之後也理也乃依賴之品不得爲人性也古
有歧人性之善否誰有疑理爲有弗善者乎孟子曰
人性與牛犬性不同解者曰人得性之正禽獸得性
之偏也理則無二無偏是古之賢者固不同性於理
矣釋此庶可荅子所問人性善否歟若論厥性之體
及情均爲天主所化生而以理爲主則俱可愛可欲
而本善無惡矣至論其用機又由乎我我或有可愛
或有可惡所行異則用之善惡無定焉所爲情也夫
性之所發若無病疾必自聽命于理無有違節即無

不善然情也者性之足也時著偏疾者也故不當壹隨其欲不察于理之所指也身無病時口之所啖甜者甜之苦者苦之乍遇疾變以甜爲苦以苦爲甜者有焉性情之已病而接物之際悞感而拂于理其所愛惡其所是非者鮮得其正鮮合其眞者然本性自善此亦無礙于稱之爲善盖其能推論理則良能常存可以認本病而復治療之中士曰貴邦定善之理曰可愛定惡之理曰可惡是一說固盡善惡之情敝國之士有曰出善乃善出惡乃惡亦是一端之理若

吾性既善此惡自何來乎西士曰吾以性爲能行善
惡固不可謂性自本有惡矣惡非實物乃無善之謂
如死非他乃無生之謂耳如士師能死罪人詎其有
死在已乎苟世人者生而不能不爲善從何處可稱
成善乎天下無無意于爲善而可以爲善也吾能無
强我爲善而自從爲之方可謂爲善之君子天主賦
人此性能行二者所以厚人類也其能取捨此善非
但增爲善之功尤俾其功爲我功焉故曰天主所以
生我非用我所以善我乃用我此之謂也即如設正

鵠非使射者失之亦猶惡情於世非以使人為之彼
金石鳥獸之性不能為善惡不如人性能之以建其
功也其功非功名之功德行之真功也人之性情雖
本善不可因而謂世人之悉善人也惟有德之人乃
為善人德加于善其用也在本善性體之上焉中士
曰性本必有德無德何為善所謂君子亦復其初也
西士曰設謂善者惟復其初則人皆生而聖人也而
何謂有生而知之有學而知之之別乎如謂德非自
我新知而但返其所已有已失之大犯罪今復之不

足以爲大功則固須認二善之品矣性之善爲良善德之善爲習善夫良善者天主原化性命之德而我無功焉我所謂功止在自習積德之善也孩提之童愛親鳥獸亦愛之常人不論仁與不仁乍見孺子將入於井即皆怵惕此皆良善耳鳥獸與不仁者何德之有乎見義而即行之乃爲德耳彼或有所未能或有所未暇視義無以成德也故謂人心者始生如素簡無所書也又如艷貌女人其美則可愛然皆其父母之遺德也不足以見其本德之巧若視其衣錦尚

絅而後其德可知也茲乃女子本德矣吾性質雖妍如無德以飾之何足譽乎吾所因學者謂德乃神性之寶服以久習義念義行生也謂服則可著可脫而得之于忻然為善之念所謂聖賢者也不善者反是但德與罪皆無形之服也而惟無形之心即吾所謂神者衣之耳中士曰論性與德古今衆矣如闡其衷根則茲始聞焉夫為非義猶以汙穢染本性為義猶以文錦彰之故德修而性彌義焉此誠君子修己之功然又有勉于外事而不復反本者西士曰惜哉世

俗之盡目周望殫心力以疊僞珍悅肉眼而不肯畧啟心目以視千萬世之文彩內神之真寶也宜其逐日操心困苦而臨終之候哀痛懼慄如畜獸被牽於屠矣天主生我世間使我獨勤事于德業常自得無窮之福不煩外借焉而我自棄之反以行萬物之役趨百危險誰咎乎誰咎乎夫人非願爲饒富惟願恒得其所欲耳得所欲之路無他惟勿重其所求得之不在我者焉我固有真我也我自害之心之害乃真害也人以形神兩端相結成人然神之精超于形故

智者以神爲眞已以形爲藏已之器古有賢臣亞那爲篡國者所傷泰然曰爾傷亞那之器非能傷亞那者也此所謂達人者也中士曰人亦誰不知違義之自殃從德者之自有大吉盛福而不須外具也然而務德者世世更稀其德之路難曉乎抑難進乎西士曰俱難也進尤甚焉知此道而不行則倍其愆且減其知比于食者而不能化其所食則反而無養反傷其身力行焉踐其所知即增闢其才光益厚其心力以行其餘試之則覺其然焉中士曰吾中州士古者

學聖教而爲聖今久非見聖人則竊疑今之學非聖人之學茲願詳示學術西士曰嘗竊視群書論學各具己私若己測悟公學吾何不聽命而復有稱述西庠學乎願取捨之在于耳夫學之謂非但專效先覺行動語錄謂之學亦有自己領悟之學有視察天地萬物而推習人事之學故曰智者不患乏書冊無傳師天地萬物盡我師盡我券也學之爲字其義廣矣正邪大小利鈍均該焉彼邪學固非子之所問其勢利及無益之習君子不以營心焉吾所論學惟內也

爲已也約之以一言謂成已也世之弊非無學也是乃徒習夫寧無習之方乃竟無補乎行吾儕本體之神非徒爲精貴又爲形之本主故神修即形修神成即形無不成矣是以君子之本業特在于神貴邪所謂無形之心也有形之身得耳目口鼻四肢五司以交覺于物無形之神有三司以接通之曰司記含司明悟司愛欲焉凡吾視聞啖嘗即其像由身之五門竅以進達于神而神以司記者受之如藏之倉庫不令忘矣後吾欲明通一物即以司明者取其物之在

司記者像而委曲折衷其體協其性情之真于理當否其善也吾以司愛者愛之欲之其惡也吾以司愛者惡之恨之蓋司明者達是又達非司愛者司善善又司惡惡者也三司已成吾無事不成矣又其司愛司明者已成其司記者自成矣故講學只論其二爾已司明者尚真司愛者尚好是以吾所達愈真其真愈廣濶則司明者愈成充吾所愛愈好其好益深厚則司愛益成就也若司明不得真者司愛不得好者則二司者俱失其養而神乃病餒司明之大功在義

司愛之大本在仁故君子以仁義爲重焉二者相須一不可廢然惟司明者明仁之善而後司愛者愛而存之司愛者愛義之德而後司明者察而求之但仁也者又爲義之至精仁盛則司明者滋明故君子之學又以仁爲主焉仁尊德也德之爲學不以強奪不以久藏毀而殺施之與人而更長茂在高益珍所謂德在百姓爲銀在牧者爲金在君爲貝適嘗聞智者爲事必先立一主意而後圖其事且以獲之如旅人先定所往之域而後尋詢去路也終之意固在其始

也夫學道亦要識其向往者吾果爲何者而學乎不然則貿貿而往自不知其所求或學特以知識此乃徒學或以售知此乃賤利或以使人知此乃罔勤或以誨人乃所爲慈或以淑已乃所爲智故吾曰學之上志惟此成已以合天主之聖旨耳所謂由此而歸此者也中士曰如是則其成已爲天主也非爲已也則毋奈外學也西士曰爲有成已而非爲已者乎其爲天主也正其所以成也仲尼說仁惟曰愛人而儒者不以爲外學也余曰仁也者乃愛天主與夫愛人

者崇其宗原而不遺其枝派何以謂外乎人之中雖親若父母比于天主者猶爲外焉況天主常在物內自不當外意益高者學益尊如學者之意止於一已何高之有至于爲天主其尊乃不可加矣孰以爲賤乎聖學在吾性內天主銘之人心原不能壞貴邦儒經所謂明德明命是也但是明爲私欲蔽揜以致昏瞶不以聖賢躬親喻世人豈能覺恐以私欲悞認明德愈悖正學耳然此學之實全在力行而近人妄當之以講論豈知善學之驗在行德不在言德乎然其

講亦不可遺也講學也者溫故而習新達蘊而釋疑奮已而勸人博學而篤信者也善之道無窮故學爲善者與身同終焉身在不可一日不學凡曰已至其必未起也凡曰吾已不欲進於善卽是退復於惡也

中士曰此皆真語敢問下手工夫

西士曰吾儕此工如圖然先繕地拔其野草除其瓦石注其泥水於溝壑而後藝嘉種也學者先去惡而後能致善所謂有所不爲方能有爲焉本學之始　心橫肆其慾根固深透乎心抽使去之可不黽黽乎勇者克己之謂

也童年者蒙師于學其工如一得工即于無前習之累故也古有一善教者子弟從之必問曾從他師否以從他師者爲其已蹈襲時之悞必告其將誡之儀一因改易其前悞一因教之以知新也既已知學矣尚迷乎色慾則何以建於勇毅尚驕傲自滿欺人則何以進乎謙德尚惑非義之財物不返其主則何以秉廉尚溺乎榮顯功名則何以超于道德而將怨天尤人則何以立於仁義矩自恣以醞釀不能斟之鬱豈矣知已之惡者見善之倪而易入于德路者也欲

言[illegible]而與已於會不若守敝會規例逐日再
次省察凡已半日間所思所言所行[illegible]惡有[illegible]
勸繼之有惡者自懲絶之久用此功雖無師傅之責
亦不患有大過然勤修之至恒習見天主於心目儼
如對越至尊不離于心枉念自不萌起不須他功其
外四肢莫之禁而自不適於非義矣故改惡之要惟
在深悔悔其昔所已犯自誓弗敢再蹈心之既沐德
之寶服可衣焉夫德之品衆矣不能具論吾今爲子
惟揭其綱則仁其要焉得其綱則餘者隨之故易云

元者善之長君子體仁足以長人夫仁之說可約而以二言窮之曰愛天主爲天主無以尚而爲天主者愛人如已也行斯二者百行全備矣然二亦一而已篤愛一人則并愛其所愛者矣天主愛人吾眞愛天主者有不愛人者乎此仁之德所以爲尊其尊非他乃因上帝借令天主所以成我者由他外物又或求得之而不能得則尚有歉然皆由我內關特在一愛云耳孰曰吾不能愛乎天主諸善之聚化育我施生我使我爲人不爲禽蟲且賜之以作德之性吾愛天

主即天主亦寵若之何適不祥乎人心之司愛向于善則其善彌大司愛者亦彌充天主之善無限界則吾德可長無定界矣則夫能充滿我情性惟天主者也然于善有未通則必不能愛故知寸貝之價當百則愛之如百知拱璧之價當千則愛之如千是故愛之機在明達而欲致力以廣仁先須竭心以通天主之事理乃識從其教也中士曰天主事理且不得見所信者人所言所錄耳信人之知惟恍惚之知何能決所向往西士曰人有形者也交于人道者非信人

不可見乎無形者耶今余不欲揭他邃事也子孝
嚴親無所不至然子何以知孝惟信人之言知其乃
生已之父也非人言自何以知之乎子又忠於君雖
損命無悔其爲君亦只信經書所傳耳臣孰自知其
爲已君乎則吾所信有實據不可謂不真切明曉足
以爲仁之基也況夫天主事非一夫之言天主親貽
正經諸國之聖賢傳之天下之英俊僉從之信之固
不爲妄何恍惚之有中士曰如此則信之無容疑矣
但仁道之大比諸天地無不覆載今曰一愛已爾似

乎太隘西士曰血氣之愛尚爲群情之主矧神理之
愛乎試如逐財之人以富爲好以貧爲醜則其愛財
也如未得則欲之如可得則望之如不可得則棄志
既得之則喜樂也若更有奪其所取者則惡之慮爲
人之所奪則避之如可勝則發勇爭之如不可勝則
懼之一旦失其所愛則哀之如奪我愛者强而難敵
則又或思禦之或欲復之而忿怒也此十一情者特
自一愛財所發總之有所愛則心搖其身攪豈能靜
漠無所爲乎故愛財者必逝四極變易以殖貨愛色

者必朝暮勤費以備嬖妾愛功名者終身經歷百險以逞其計謀愛爵祿者攻苦文武之業以通其幹才天下萬事皆由愛作而天主之愛獨可已乎愛天主者固奉敬之必顯其功德揚其聲教傳其聖道闢彼異端者然愛天主之效莫誠乎愛人也所謂仁者愛人不愛人何以驗其誠敬上帝歟愛人非虛愛必將渠饑則食之渴則飲之無衣則衣之無屋則舍之憂患則恤之慰之愚蒙則誨之罪過則諫之侮我則恕之既死則葬之而爲代祈上帝且死生不敢忘之故

昔大西有問于聖人者曰行何事則可以至善與曰愛天主而任汝行也聖人之意乃從此指引者固不差路矣中士曰可愛者用于善人可耳人不皆善其惡者必不可愛況厚愛乎若論他人其無大損若論在五倫之間雖不善者我中國亦愛之故父爲瞽瞍弟爲象舜猶愛友焉西士曰俗言仁之爲愛但謂愛者可相荅之物耳故愛鳥獸金石非仁也然或有愛之而反以仇則我可不愛之乎夫仁之理惟在愛其人之得善之美非愛得其善與美而爲己有也譬如

愛醴酒非愛其酒之有美愛其酒之姸味可爲我嘗也則非可謂仁于酒矣愛己之子則愛其有善即有富貴安逸才學德行此乃謂仁愛其子若爾愛爾子惟爲愛其奉己此非愛子也惟愛自己也何謂之仁乎惡者固不可愛但惡之中亦有可取之善則無絕不可愛之人仁者愛天主故因爲天主而愛己愛人知爲天主則知人人可愛何特愛善者乎愛人之善緣在天主之善非在人之善故雖惡者亦可用吾之仁非愛其惡惟愛其惡者之或可以改惡而化善也

況雙親兄弟君長與我有恩有倫之相繫吾宜報之
有天主誡令慕愛之吾宜守之又非他人等乎則雖
其不善豈容斷愛耶人有愛父母不爲天主者茲乃
善情非成仁之德也雖虎之子爲豹均愛親矣故有
志於天主之旨則博愛于人以及天下萬物不須徒
膠之爲一體耳中士曰世之誦讀經書者徒視其文
而闇其旨其矇者皆誦詩云維此文王小心翼翼昭
事上帝聿懷多福厥德不回今聞仁之玄論歸于天
主而始知詩人之旨也志事上帝即德無缺矣然仁

既惟愛天主則天主必眷愛仁人何須焚香禮拜誦經作功乎吾檢愼于日用各合其義斯已焉西士曰天主賜我形神兩備我宜兼用二者以事之天主繁育鳥獸昭布萬像而其覔莫有知所酧報者獨人類能建殿堂設禮祭祈拜誦經以申感謝何者天主之愛人甚矣大父之慈恐人以外物幻其內仁則命聖人作此外儀以啟吾內德而常存省之俾吾日日仰目禱祈其恩既得之則讚揚其盛而感之不忘且以是明我本來了無毫髮之非上賜而因以增廣吾仁

且令後世彌厚享賞也天主之經無他只是欽崇上帝恩德而讚美之或祈恕宥昔者所犯罪惡或乞恩祐以勝危難以避咎愆以進于至德故數數誦之者必益敦信此道愈闢心明以達學術之隱也又恐汚邪忘想侵滑人心因而渙散于是天主又敎之以禮不拘男女咸日誦經拜叩以閑其邪夫吾天主所授工夫匪佛老空無寂寞之敎乃悉以誠實引心于仁道之妙故初使掃去心惡次乃光其闢惑卒至合之于天主之旨俾之化為一心而與天神無異形之必

有其驗但今不暇詳解耳吾竊視貫邪儒者病正在此第言明德之修而不知人人意易疲不能自勉而修又不知瞻仰天帝以祈慈父之佑成德者所以鮮見

中士曰拜佛像念其經全無益乎西士曰奚啻無益乎大害正道惟此異端愈祭拜尊崇罪愈重矣一家止有一長二之則罪一國惟得一君二之則罪乾坤亦特由一主二之豈非宇宙間重大罪犯乎儒者欲罷二氏教于中國而今乃建二宗之寺觀拜其像比如欲枯槁懸樹而厚培其本根必反榮焉中士曰天

主爲宇內至尊無疑也然 天下萬國九州之廣或天
主委此等佛祖神仙菩薩保固各方如天子宅中而
差官布政于九州百郡或若貴方別有神祖耳西士
曰此語本失而似得不細察則誤信之矣天主者非
若地主但居一方不遣人分任即不能兼治他方者
也上帝知能無限無外爲而成無所不在所御九天
萬國體用造化比吾示掌猶易奚待彼流人代司之
哉且理無二是設上帝之教是則他教非矣設他教
是則上帝之教非矣朝廷設官分職咸奉一君無異

禮樂無異法令彼二氏教自不同况可謂天主同乎彼教不尊上帝惟尊一己耳已昧于大原大本焉所宣誨諭大非天主之制具可謂自任豈天主任之乎天主經曰妨之妨之有着羊皮而內爲豺狼極猛者善樹生善菓惡樹生惡果視其所行即知何人謂此輩耳凡經半句不眞其決非天主之經也天主者豈能欺人傳其僞耶乎異端僞經虛詞誕言難以勝數悉非由天主出者如曰日輪夜藏須彌山之背曰天下有四大部州皆浮海中半見半浸曰阿函以左右手

掩日月爲日月之蝕此乃天文地理之事身毒國原所未達吾西儒笑之而不屑辯焉吾今試指釋氏所論人道之事三四處其失不可勝窮也曰四生六道人魂輪廻又曰殺生者靈魂不昇天堂或歸天堂亦復廻生世界以及地獄充滿之際復得再生于人間又曰禽獸聽講佛法亦成道果此皆拂理之語第四五篇已明辯之又言婚姻俱非正道則天主何爲生男女以傳人類豈不妄乎無婚配佛從何生乎禁殺生復禁人娶意惟滅人類而讓天下於禽類耳又有

一經名曰大乘妙法蓮花經囑其後曰能誦此經者得到天堂受福令且以理論之使有罪大惡極之徒力能置經誦讀則得升天受福若夫脩德行道之人貧窮困苦買經不便亦將墜於地獄與又曰呼誦南無阿彌陀佛不知幾聲則免前罪而死後平吉了無凶禍如此其易即可自地獄而登天堂乎豈不亦無益於德而反導世俗以爲惡乎小人聞而信之孰不遂私欲汙本身侮上帝亂五倫以爲臨終念佛者若干次可變爲仙佛也天主刑賞必無如是之失公失

正者夫南無阿彌陀一句有何深妙即可滅重愆而著厚賞不讚德不祈祐不悔已前罪不述宜守規誡則從何處立功修行哉世人交友或有一二語誑終身不敢盡信其言今二氏論大事許多誑謬人尚畢信其餘何也中士曰佛祠諸像何從而起西士曰上古之時人甚愚直不識天主或見世人略有威權或自戀愛已親及其死而立之貌像建之祠宇廟以爲思慕之跡暨其久也人或進香獻紙以祈福佑又有最惡之人以邪法制服妖怪以此異事自稱佛仙

假布誕術詐為福祉以駭愚頑俗而使之塑像祀奉此其始耳中士曰非正神何以天主容之不滅之且有焚禱像下或致感應者西士曰有應也亦有不應也則其應非由彼神邪像也人心自靈或有非理常自驚詫已而規其隱者不須外威也又緣人既為非則天主棄之不祐故邪神魔鬼潛附彼像之中得以侵迷誑誘以增其愚夫人既奉邪神至其已死靈魂墜於地獄卒為魔鬼所役使此乃魔鬼之願也豈得天主不甚許此等邪神發見於人間見亦必以美像

常睹醜惡或一身百臂或三頭六臂或牛頭或龍尾等怪類正欲人覺悟知其非天上容貌乃諸魔境惡相耳而人猶迷惑塑其像而置之金座拜之祀之悲哉夫前世貫邪三教各撰其一近世不知從何出一妖怪一身三首名曰三函教庶衆所宜駭避高士所宜疾擊之而乃倒拜師之豈不愈傷壞人心乎中士曰曾聞此語然儒者不與也須相與直指其失西士曰吾且具四五端實理以証其誣一曰三教者或各真全或各偽缺或一真全而其二偽缺也苟各真全

則專從其一而足何以其二爲乎苟各偽缺則當竟爲郤屏奚以三海蓄之哉使一人習一偽教其誤已甚也况兼三教之偽乎苟惟一真全其二偽缺則惟宜從其一真其偽者何用乎一曰輿論云善者以全成之惡者以一耳如一艷貌婦人但乏之鼻人皆醜之吾前明釋二氏之教俱各有病若欲包含爲一不免惡謬矣一曰正教門令入者篤信心一無二若奉三函之教豈不俾心分于三路信心彌薄乎一曰三門由三氏立也孔子無取于老氏之道則立儒門釋氏

不足于道儒之門故又立佛門於中國夫三宗自巳意不相同而二千年之後測度彼三心意強爲之同不亦誣欺一日三教者一尚無一尚空一尚誠有焉天下相離之事莫遠乎虛實有無也借彼能合有與無虛與實則吾能合水與火方與圓東與西天與地也而天下無事不可也胡不思每教本戒不同若一戒殺生一令用牲祭祀則兩三者欲守此固違彼守而違違而守詎不亂教之極哉於以從三教寧無一教可從無教可從必別尋正路其從五者自意教爲

有餘而實無一得焉不學上帝正道而殉人夢中說道乎夫真維一耳道契於其真故能榮生不得其一則根透不深根不深則道不定道不定則信不篤不一不深不篤其學烏能成乎中士曰噫嘻慇者殘人深夜而起吾儕自收猶弗醒也聞先生之語若霹靂焉動吾瞑而使之覺雖然猶望卒以正道之宗援我

西士曰心既醒矣眼既啟矣仰天而祈上祐其時也夫

第八篇總舉大西俗尚而論其傳道之士所以不

娶之意并釋天主降生西土來由

中士曰貴邦既習天主之教其民必醇樸其風必正雅願聞所尚西士曰民之用功乎聖教每每不等故雖云一道亦不能同其所尚然論厥公者吾大西諸國且可謂以學道爲業者也故雖各國之君皆務存道正傳又立有最尊位曰教化皇專以繼天主頒教諭世爲已職異端邪説不得作于列國之間主教者之位享三國之地然不婚配故無有襲嗣惟擇賢而立餘國之君臣皆臣子服之蓋既無私家則惟公

是務旣無子則惟以兆民爲子是故趣入於道惟此
殫力躬所不能及則委才全德盛之人代誨教于列
國焉列國之人每七日一罷市禁止百工不拘男女
尊卑皆聚于聖殿謁禮拜祭以聽談道解經者終日
又有豪士數會其朋友出遊于四方講學勸善間有
敝會以耶穌名爲號其作不久然已三四友者廣闡
信於諸國皆願求之以誘其子弟於眞道也中土曰
擇賢以君國布士以訓民尚德之國也美哉風矣又
聞尊教之在會者無私財而以各友之財共爲事無

自專毎聽長者之命焉其少也成己德慱己學耳壯
者學成而後及于人以文會以誠約吾中夏講道者
或難之然有終身絕色終不婚配之戒未審何意夫
生類自有之情宜難盡絕上帝之性生生爲本祖考
百千其世傳之及我可即斷絕乎西士曰絕色一事
果人情所難故天主不布之于誡律強人盡守但令
人自擇願者遵之耳然其事難能大抵可以驗德難
乎精嚴正行凡人既引于德則路定而不易矣君子
修德不憚劬苦吾方寸之志已立則世上無難事焉

使以難爲爲非義則甚難爲義者也生生者上帝死死者誰乎二者本一非由二心未開天地千萬世以前上帝無生一生者生生之性何在乎人心之卑膜莫測尊極之心矧云咎之哉且人以上帝之心爲心非但以傳生爲義亦有隙生之理夫天下人民總合言之如一全身焉其身之心意惟一耳各肢之所司甚衆令一身悉爲首腹胡以行動令全身皆爲手足胡以見聞胡以養生乎比此而論不宜責一國之人各同一轍若云以此生人又欽司教以主祭祀始爲

全備竊謂婚姻之情固難竟絶上帝之祀又須專潔二職渾責一身其于敬神之禮必有荒蕪夫人奉事國君尚有忍尅本身者奉事上帝詎不宜克己慾心哉古之民寡而德盛而一人可以兼二職今世之患非在人少乃人衆而德衰耳圖多子而不知教之斯乃秖增禽獸之群豈所云廣人類者歟有志乎救世者深悲當世之事制爲敝會規則絶色不娶緩於生子急於生道以拯援斯世墮溺者爲意其意不更公乎又傳生之責男與女均今有貞女受聘未嫁而夫

卒者守義無二儒者嘉之天子每旌表之彼其棄色而忘傳生者第因守小信於匹夫在家不嫁尚且見褒吾三四友人因奉事上帝欲以便于遊天下化萬民而未暇一婚乃受貶焉不亦過乎中士曰婚娶者於勸善宣道何傷乎西士曰無相傷也但單身不娶愈靖以成己愈便以及人也吾爲子揭其便處請詳察之以明敝會所爲有所據否一曰娶者以生子爲室家耳既獲幾子必須養育而以財爲置養之資爲人之父不免有貨殖之心今之父子衆則求財者衆

也求之者衆難以各得其願矣吾以身纏拘於俗情不能超脫無溺必將以苟且爲幸也欲立志責人於義豈能興起乎夫修德以輕貨財爲首務我方重愛之何勸爾輕置之哉二曰道德之情至幽至奧人心未免昏昧色慾之事又恒鈍人聰明焉若爲色之所役如以小燈藏之厚皮籠內不益朦乎豈能達于道妙矣絕色者如去心目之塵垢益增光明可以窮道德之精微也三曰天下大惑維由財色二欲耳以仁發憤救世者必以鮮此二惑爲急醫家以相悖者相

治故熱病用寒藥寒病用煖藥乃能療之玆吾惡富之害而自擇爲貧者畏色之傷而自擇爲獨夫者處巳若此而後無義之財邪色之欲始有省焉故敝會友捐巳義得之財物以勸人勿干非義之富爲脩道以卻正色之樂以勸人勿迷于非禮之色也四曰繼有俊傑才能使其心散而不專乎一則所爲事必不精克巳之功難于克天下自古及今史傳英雄攻天下而得之者多矣能克巳者幾人哉志欲行道于四海之內非但欲克一巳兼欲防遏萬民私欲則其功

用之大畧可計乎專之猶恐未精況宜分之他務爾將要我事少艾而育小兒乎五曰善養馬者遇騏驥驊騮可一日而馳千里則謹牧以期戰陣之用懼有劣嫋於色者別之於群不使與之接焉天主聖教亦將尋豪傑之人能周徧四方之疆界者以明道禦侮息異論迸邪說而永存聖教之正也豈欲慊其心以色樂而不欲培養其果毅以克私慾之習乎故西士之專心續道甚于專事嗣後者也譬夫斂收五穀萬石未有盡播之田中以爲穀種者必將擇其一以貢

君一以藝稼爲明年之穡曷獨人間萬子皆蓄費之以產子而無所全留以待他用者耶六曰凡事有人與鳥獸同者不可甚重焉勞身以求食求食以充饑充饑以滋氣滋氣以敵害敵害以全己性命也咸下情也人於此然此獸殊也若謹愼以殉義殉義以檢心檢心以修身修身以廣仁廣仁以合天主恩也此乃生人所以可以俯上帝之大旨從此觀之則匹配之情于待道之意孰重乎天下寧無食不寧無道天下寧無人不寧無教故因道之急可緩婚因婚之急

不可緩道也以遵頒示　主聖旨雖奔致已身以當之
可也況棄婚乎七曰斷　會之趣無他乃欲傳正道於
四方焉耳苟此道於西不能行則遷其笈于東於東
猶不行又將徙之於南北奚徙盡身於一境乎賢之
仁者不繫身于一處必周流以濟各處之病方為博
施婚配之身纏繞一處其本責不越于齊家或迄于
一國而已耳故中國之傳道者未聞其有出遊異國
者夫婦不能相離也吾會三四友間有可以行道之
域雖在幾萬里之外亦即往焉無有託家寄妻子之

處則以天主爲父母以世人爲兄弟以天下爲已家焉其所涵胸中之志如海天然豈一匹夫之諒乎入曰凡此與彼彌似則與其性彌近天神了無知色者絕色者其情邇乎天神矣夫身在地下而比居上天者以有形者而效無形者此不可謂鄙人庸學也似此清淨之士有所祈禱于天主或天之旱或妖鬼之怪也或遇水火灾異之求解也天主大都鑒而聽之不然上尊何寵之哉然吾此數條理特具以解敝會不婚之意非以非婚姻者也盖順理娶也非犯天主誡

也又非謂不娶者皆邇神人也設令絕婚屏色而不
惓惓于秉彝之德豈不徒然乎乃中國有辭正色而
就狎斜者去女色而取頑童者此輩之穢汚西鄉君
子弗言恐浼其口雖禽獸之彙亦惟知陰陽交感無
有反悖天性如此者人弗赧焉則其犯罪若何吾儕
同會者收全巳種不之藝播于田畝而子猶疑其可
否况弃之溝壑者哉中士曰依理之語以服人心強
于利刃也但中國有傳云不孝有三無後爲大者如
何西士曰有解之者云彼一時此一時古者民未衆

嘗充擴之今人已衆宜姑停焉予曰此非聖人之傳語乃孟氏也或承悮傳或以釋舜不告而娶之義而僞有托焉禮記一書多非古論議後人集禮便雜記之于經典貴邪以孔子爲大聖學庸論語孔子論孝之語極詳何獨其大不孝之戒群弟子及其孫不傳而至孟氏始著乎孔子以伯夷叔齊爲古之賢人以比干爲殷三仁之一既稱三子曰仁曰賢必信其德皆全而無缺矣然三人咸無後也則孟氏以爲不孝孔子以爲仁且不相戾乎是故吾謂以無後爲不孝

斷非中國先進之旨使無後果爲不孝則爲人子者宜旦夕專務生子以續其後不可一日有間豈不誘人被色累乎如此則舜猶未爲至孝耳盖男子二十以上可以生子舜也三十而娶則二十逮三十匪孝乎古人三旬已前不婚則其一旬之際皆匪孝乎譬若有匹夫焉自審無後非孝有後乃孝輒娶數妾老于其鄉生子至多初無他善可稱可爲孝乎學道之士平生遠遊異鄉輔君匡國教化兆民爲忠信而不顧產子此隨前論乃大不孝也然於國家兆民有大

功焉則輿論稱爲大賢孝否在內不在外由我豈由他乎得子不得子也天主有定命矣有求子者而不得烏有求孝而不得孝者乎孟氏嘗曰求則得之舍則失之是求有益於得也求在我也求之有道得之有命是求無益於得也求在外也以是得嗣無益於得況爲峻德之效乎大西聖人言不孝之極有三也陷親於罪惡其上弒親之身其次脫親財物又其次也天下萬國通以三者爲不孝之極至中國而後聞無嗣不孝之罪於三者猶加重焉吾今爲子定孝之

說欲定孝之說先定父子之說凡人在宇內有三父一謂天主二謂國君三謂家君也逆三父之旨者爲不孝子矣天下有道三父之旨無相悖盖下父者命己子奉事上父者也而爲子者順乎一即兼孝三焉天下無道三父之令相反則下父不順其上父而私子以奉己弗顧其上其爲之子者聽其上命雖犯其下者不害其爲孝也若從下者逆其上者固大爲不孝者也國主於我相爲君臣家君於我相爲父子若使比乎天主之公父乎世人雖君臣父子平爲兄弟

耳焉此倫不可不明矣夫萬國通大西之境界皆稱
爲出聖人之地蓋無世不有聖人焉吾察百世以下
儆士聖人之尊者咸必終身不娶聖人爲世之表豈
天主立之爲表而處巳於不義之爲哉彼有不娶而
爲積財貨或爲糊口或爲偷安懈惰其卑賤之流何
足論者若吾三四友一心慕道以事天主救世歸元
且絕諸色之類使其尊任鄙見無理可揭誠爲不可
然而群聖以其身先之萬國賢士美之有實理合之
有天主經典奇之亦可姑隨其志否耶以繼後以爲係

者惟不知事上帝不安于本命不信有後世者以爲生世之後巳盡滅散無有存者眞可謂之無後吾今世奉事上帝而望萬世以後猶悠久常奉事之何患無後乎吾死而神明全在當益鮮潤所遺虛軀殼子葬之亦腐朋友葬之亦腐則何擇乎中士曰爲學道而不婚配誠合義也我大禹當亂世治洪水巡行九州八年於外三過其門而不入今也當平世士有室家何傷焉西士曰嗚呼子以是爲平世乎誤矣智者以爲今時之灾比堯時之灾愈洪也群世人而盲瞽

不之能視焉則其殘不亦深乎古之所謂不祥從外
而來人猶易見而速防其所傷不踰財貨或傷膚皮
今之禍自內突發哲者覺之而難避也況于恒人故
其害莫甚焉如風雷妖恠之擊人不損乎外而侵其
內者也夫化生天地萬物乃大公之父也又時主宰
安養之乃無上共君也世人弗仰弗奉則無父無君
至無忠至無孝也忠孝蔑有尚存何德乎夫以金木
土泥鑄塑不知何人偽像而倡愚氓往拜禱之曰此
乃佛祖此乃三清也且與淫辭奸說以壅塞之使之

氾濫中心而不得歸其宗且以空無爲物之原豈非空無天主者乎以人類與天主爲同一體非將以上帝之尊而俾之於卑役者乎恣其誕妄以天主無限之感靈而等之於土石枯木以其無窮之仁覆爲有玷缺而寒暑災異憾且尤之侮狎君父一至于此蓋昭事上帝之學久已陵遲不思小吏那能阿好其民已爲建祠立像布滿郡縣皆是生祠佛殿神宮彌山徧市豈其天主尊神無一微壇以禮拜敬事之乎世人也皆習詐僞僞爲衆師以揚虛名供養其口目民

父母要譽取資至于世人大父宇宙公君泯其跡而
僭其位殆哉殆哉吾意大禹適在今世非但八年在
外必其絕不有家終身周遊于萬國而不忍還矣爾
欲吾三四友有子之心有兄弟之情視此爲何如時
哉中士曰以兇爲亂則亂固不勝言矣時賢講學急
其表而不究其裏故表裡終于俱壞蓋未聞積惡於
內而不遽發于外者也聞有儒門之人任其私智附
會二氏以論來世如丐子就乞餘飯彌紊正學不如
貴邦儒者乃有歸元此論既明人人可悟但肯用心

一思衆物之態必知物有始元非物可比聖也佛也仙也均由人生不可謂無始元者也不爲始元則不爲眞主何能輒立世誡夫知有歸元則人道已定舍事天又何學焉譬如一身四肢各欲自存也然忽有刀鎗將擊其首手足自徃救護雖見傷殘終不能已尊教洞曉天主爲衆物元則凡觀惡行聞惡語凡有逆于理違于教者若矛外將刺天主然亟迫徃護此亦惟知有天主之在上而寧知天下有他物可尚乎故不但不念妻子財資吾身生命猶將忘之吾輩俗

心錮結彷彿慕企軸淺信從奚云捨生命弃妻子有因上帝道德之故遞移半步遙費一芥且各惜之矣嗟哉然吾頻領大教稱天主無所不通無所不能其既爲世人慈父烏忍我儕久居闇晦不認本原大父貿貿此道途罔不自降世界親引群迷俾萬國之子者明覩真父了無二尚豈不快哉西士曰望子此問久矣苟中華學道者常詢此理必已得之矣今吾欲著世界治亂之由者請子服膺焉天主始制創天地化生人物汝想當初乃即如是亂苦者歟殊不然也

天主之才最靈其心至仁亭育人群以追天地萬物豈忍置之於不治不祥者乎哉開闢初生人無病夭常是陽和常甚快樂令鳥獸萬彙順聽其命毋敢侵害惟令人循奉上帝如是而已夫亂夫災皆由人以背理犯天主命人既反背天主萬物亦反背于人以此自爲自致萬禍生焉世人之祖已敗人類性根則爲其子孫者沿其遺累不得承性之全生而帶疵又多相率而習醜行則有疑其性本不善非關天主所出亦不足爲異也人所已習可謂第二性故其所爲

難分由性由習雖然性體自善不能因惡而滅所以
凡有發奮遷善轉念可成天主亦必祐之但民善性
旣滅又習乎醜所以易溺于惡難建于善耳天主以
父慈恤之自古以來代使聖神繼起爲之立極逮夫
淳樸漸漓聖賢化去從欲者日衆循理者日稀於是
大發慈悲親來救世普覺群品於一千六百有三年
前歲次庚申當漢朝哀帝元壽二年冬至後三日擇
貞女爲母無所交感託胎降生名號爲耶穌耶穌即
謂救世也躬自立訓弘化于西土三十三年復昇歸

天此天主實蹟云中土曰雖然抑何理以徵之當時之人何以驗耶穌實爲天主非特人類也若自言耳恐未足憑西士曰大西法稱人以聖較中國尤嚴焉況稱天主耶夫以百里之地君之能朝諸侯得天下雖不行一不義不殺一不辜以得天下吾西國未謂之聖亦有超世之君却千乘以修道屏榮約處僅稱謂廉耳矣其所謂聖者乃其勤崇天主卑謙自牧然而其所言所爲過人皆人力所必不能及者也中士曰何謂過人西士曰誨人以人事或已往者或今有

者非但聖而後能之有志要名者皆自強而爲焉若以上帝及未來之事訓民傳道豈人力也歟惟天主也以藥治病服之即療學醫者能之以賞罰之公治世而世治儒者可致茲俱以人力得之不宜以之驗聖也若有神功絕德造化同用不用藥法醫不可醫之病復生既死之民如此之類人力不及必自天主而來敝國所稱聖人者率皆若此倘有自伐其聖或朋輩代爲誇伐或不畏天主用邪法鬼工爲異怪以惑愚俗好自逞而悖天主之功德此爲至惡大西國

妨之如水火何但弗以稱聖乎天主在世之時現跡愈多其所爲過于聖人又遠聖人所爲奇事皆假天主之力天主則何有所假哉西土上古多有聖人于幾千載前預先詳誌于經典載厥天主降生之義而指其定候迨及其時世人爭其望之而果遇焉驗其所爲與古聖所記如合符節其巡遊詔諭于民聾者命聽即聽瞽者命視即視瘖者命言即言躄者命行即行死者命生即生天地鬼神悉畏敬之莫不聽命也既符古聖所誌既又增益前經以傳大教于世傳

道之功已畢自言期候白日歸天時有四聖録其在
世行實及其教語而貽之於列國則四方萬民翕從
之而世守之自此大西諸邦教化大行焉考之中國
之史當時漢明帝嘗聞其事遣使西往求經使者半
塗誤値身毒之國取其佛經傳流中華迄今貴邦爲
所誑誘不得聞其正道大爲學術之禍豈不慘哉中
士曰稽其府則合稽其人則通稽其事則又無疑也
某願退舍沐浴而來領天主直經拜爲師入聖教之
門蓋已明知此門之外今世不得正道後世不得天

福也不知尊師許否西士曰兹因欲廣此經吾從二
三英友弃家屏鄉艱勤周幾萬里而僑寓異土無海
也誠心悅受乃吾大幸矣然沐浴止去身垢天主所
惡乃心咎耳故聖教有造門之聖水凡欲從此道先
深悔前時之罪過誠心欲遷于善而領是聖水即天
主慕愛之而盡免舊惡如孩之初生者焉吾輩之意
非為人師惟恤世之錯回元之路而為之一引于天
主聖教則充之皆為同父之弟兄豈敢苟圖稱名辱
師之禮乎哉天主經文字異中國雖譯未盡而其要

已易正字但吾前所談論教端僉此道之肯綮願學之者退而玩味于前數篇事理了已無疑則承經領聖水入教何難之有中士曰吾身出自天主而久昧天主之道幸先生不辭八萬里風波遠傳聖教彪炳異同使愚聆之豁然深悟昔日之非獲惠良多且使吾大明之世得承大父聖旨而遵守之也吾靜思之不勝大快且不勝深悲焉吾當退于私居溫繹所授紀而錄之以志不忘期以盡聞歸元直道所願天主佐佑先生仁指顯揚天主之教使我中國家傳人誦

皆爲脩善無惡之民功德廣大又安有量歟

天主實義下卷終